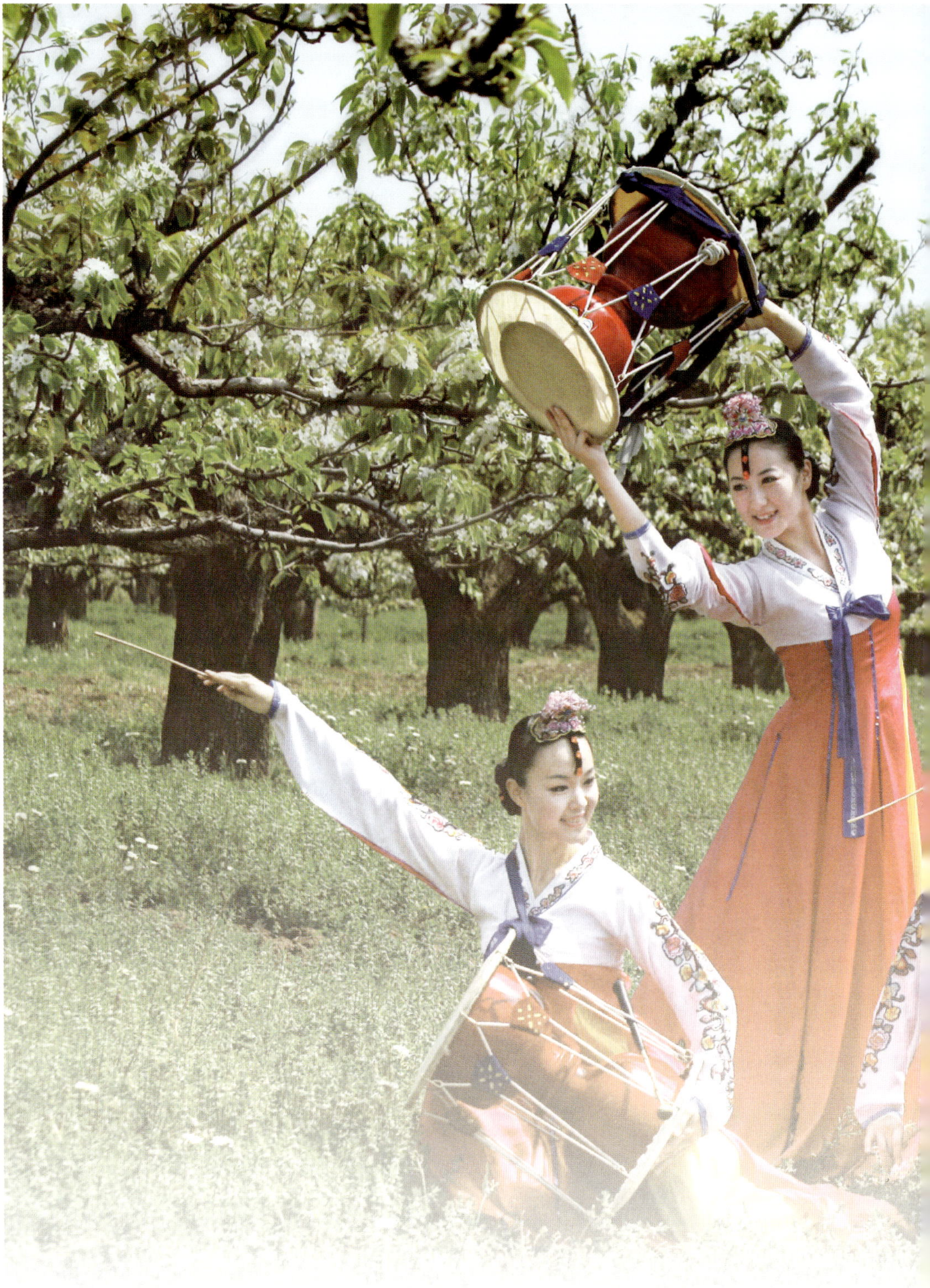

洞见传承
人文吉林

曹保明 主编

中国旅游出版社

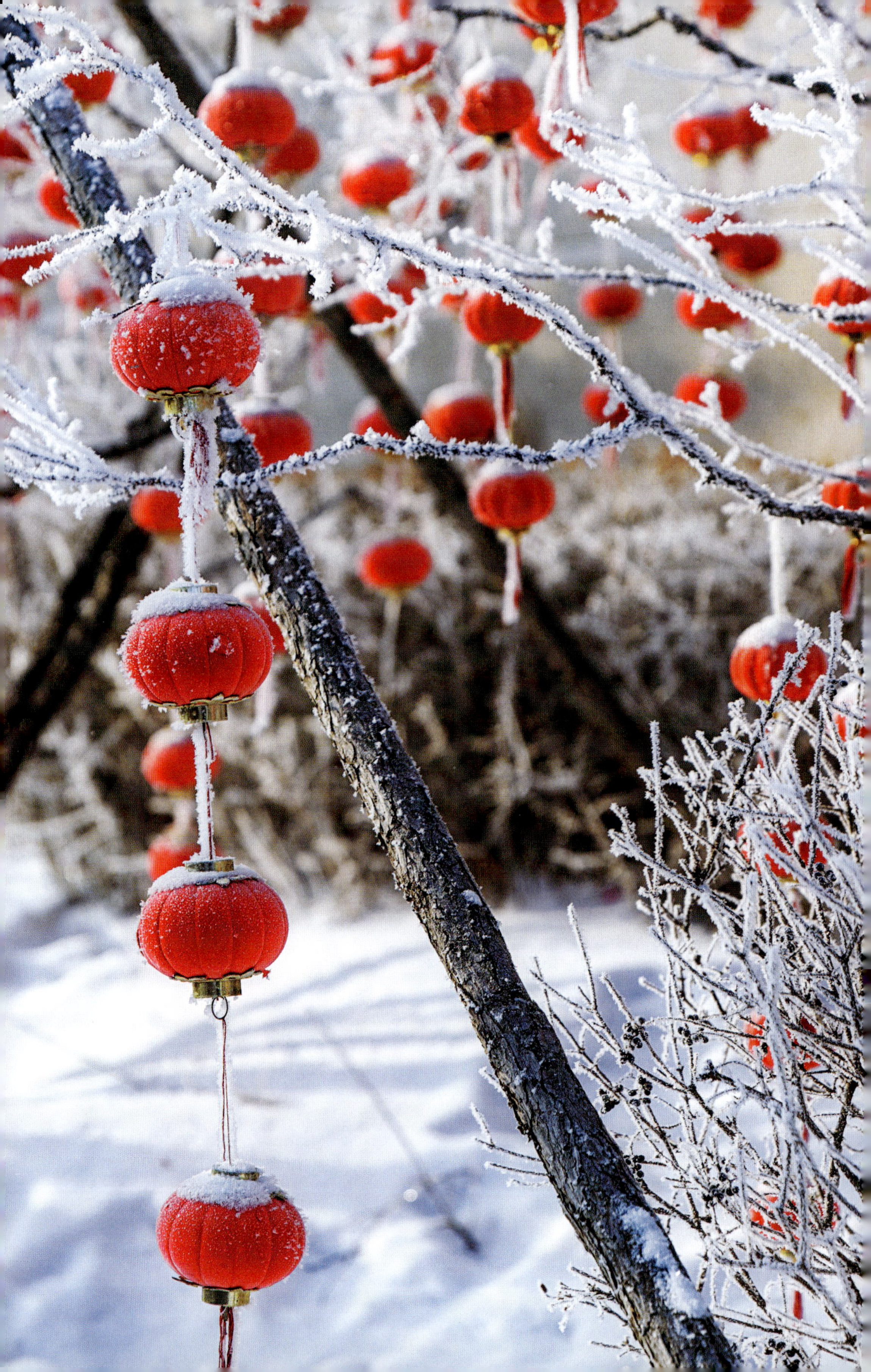

本书编写组

主　编

曹保明

文字作者

王　彬　　董红伟　　何方圆

摄影作者

于长馨	田　宇	白　石	吉　旅	姜　义
李钟杰	景依群	费光宇	孙晓峰	王　苹
孟昭珩	曹保明	李果军	苏　楠	黄志远
郑嘉茗	金基浩	赵　俊	郑立波	孙铁石
韩承利	潘晟昱	程英铁	李志成	付丽华
李和春	李　巍	李　娟	吴静荣	皮福生
连相如	孙宝华	闫来锁	宫小平	宋延文
李忠阳	郭旭东	刘　斌	齐　双	宋静茹
佟　冬	张连纯	朴龙国	蒋成英	李晓兵
傅菁林	荆　宏	杨柏森	艾永厚	赵　欣
赵春江	张志范	霍春光	贾宏光	吴　婷
付茂林	刘金宝	李春影	宫晓平	宋　咏
邱会宁	陈占旭	崔立程	钟术英	贾　鑫
郑金华	李连贵熏肉大饼有限公司			视觉中国

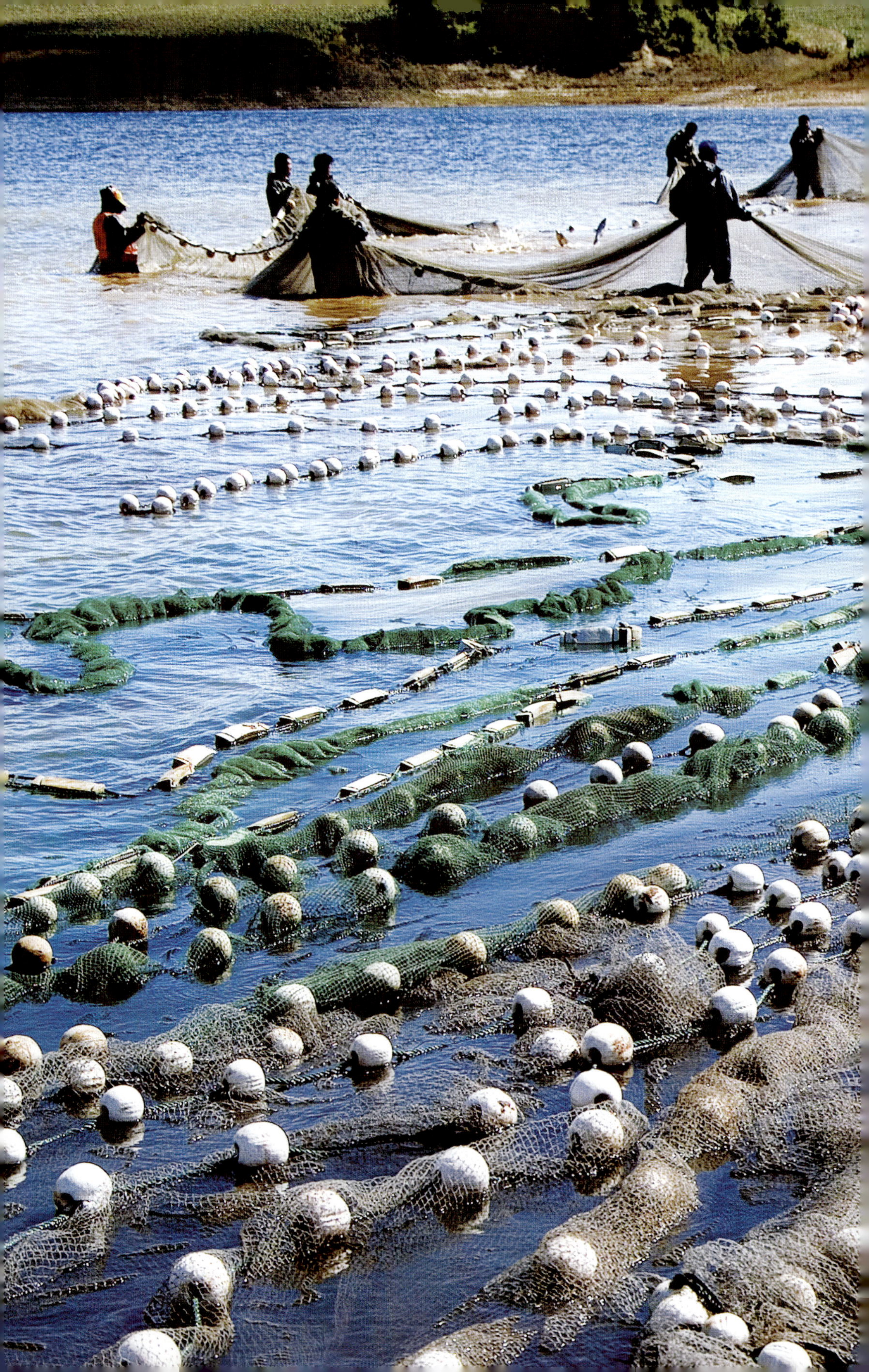

前言

　　在流传和保存的有关吉林旅游文化卷本中，迄今为止最全面、最完整、最科学的版本，那就是这本《洞见传承·人文吉林》。首先，本书集中了中国当代最杰出的青年作家、艺术家、民俗学家、文化人类学家、非物质文化遗产学专家的劳动成果，他们不辞辛苦奔赴吉林大地，深入生活，又用自己的智慧之笔表述了吉林的山山水水、村村落落、民族风情、艺术遗产、代表性景观和重要的引领性的水土；他们山一程，水一程，精心记录了吉林独特的秘境和种种传奇，把所有在吉林应该看到的景观，应该知道的往事，应该了解的故事，应该掌握的风情民俗一一列出，并把吉林代表性的文化遗产呈现出来。这些代表性的景观、风情等待着人们的品悟和认知，等待着人们亲临体验。

　　为了让人们走进吉林这

←
松花湖渔歌

一方水土，并能深刻而清晰地认识这片水土的自然、地质、地理、文化和亲情，本书首先注意到科学性：那就是它按着人们阅读和走进的普遍规律和一般规律，首先，从自然的顺序写起，以便人们从吉林的一年四季的自然景观中走进这里；其次，在文化规律方面，我们从旅游最重要的连接要素衣食住行方面谈起，尽量让人们能够掌握吉林旅游的清晰内涵与走向，以便人们从最普通的生活一角，走入深深的吉林本土地域；最后，从小到大，由浅入深地走进北国吉林，体会内在的吉林、准确的吉林。

同时，我们非常注意当代人渴望深度旅游和精致旅游的问题，因此，

↑
开江仪式

本书集中思想和艺术力将人们一定要到达并需深入了解的景观和景点进行了深入归类，并一一调研，给出游人想得到的收获和体会。这样做，其实更是为了吉林本土，也正是要把一个真实、生动、神奇、独特的吉林展示给世界，满足人们要深切了解吉林的一种渴望。比如为什么叫吉林？长白山都有哪些旅游视角还没有被很好地开发出来，展示出去？在一般人的眼中，长白山是亿万年前火山喷发形成的东北亚最高峰，山上有一池天水，它是三江之源。如此神圣、神奇、神秘的自然景观会带给人怎样的旅游需求呢？其实，当走进自然形成的景观地之后，人们更想了解的是长白山文

化，这是对深度文化游的渴望，因此，本书对长白山文化的自然特征性进行了详细挖掘、表述之后，又对长白山文化进行了完整、科学、广泛、细致地总结，并从中梳理出长白山旅游文化的景观地的心理走向图，使人按图索骥。

　　人类在走进自然景观的同时，往往还想了解这些景观的来历、特点、传说、故事、民俗、风情等方面，这是一些必然的旅游要素。因此，作者团队在写书前，首先查阅了大量自然、历史、文化的文献，又找到了生活在这些景点、景观中的当地居民，这样做，使自然、历史、文化景点活态化，景物也活了，文献也活了，增加了当代旅游的魅力，使山川、江河、村落、街镇都活了；达到了"让沉睡在大地上的遗产活起来"的目的，也更加产生了吸引游客走进这里的作用和意义。让所有来访者深深记住了这里。

↑
林海雪原

→ 长白山西坡

与此同时，本书带来了丰富的知识。其实旅游文化，就是给人以知识和启迪。本书完全秉承着这个原则，每到达一个核心的景点或者文化发生地，就会充分地对这里的自然、历史、文化进行全面总结、立体梳理，并从当地、当时的现状，历史文献的种种积累之中提炼出典型的事例并进行概括和表述，让人一目了然。

值得说明的是，本书具有生动的历史记忆性。我们知道，文化是有传承性和连贯性的。它们是文献和口述及实践积累下来的具有深刻记忆性的文化成果，本书就生动地保留了这种记忆性。旅游的现实性只有在这些综合的要素中很好地完成的。而且，本书对那些过去和今天一直是热门话题的景观地址、文化资源进行了深度解读，以充分满足人们的精神需求和心理需求。同时，对景观、景色、文化的发展性进行了清晰地分析和认证。比如吉林的冰雪文化，它是具体的，又是立体的；它是个性的，又是共性的；它是独立的，又是普遍的。作者们细致地选择了吉林冰雪文化的方方面面进行解读。森林文化、饮食文化、节气文化、民族文化、民俗文化，除了它们的广义的特征外，作者们还精心地对这些文化的自然、历史、文化方面进行了详细解读，让读者直观地走进吉林的这些领域，感受这些文化的魅力，触摸到吉林文化的内涵。其实，作者们是在有意解析旅游文化，是为了让更多的人热爱旅游，亲近你所走进的这片土地、这座山川、这些江河以及这里的故事。

在吉林鲜明的黑土之上，具有深深的文化内涵，我们要做到对这些鲜明的旅游资源进行放大的交代，并给予让人过目不忘的亲切的印证性。印证，是留给旅游者自己到原生态地区去进行亲历之旅。我们用大量的知识文化去引领人们到达这片土地，走进人们渴望的山川，用生动的知识去唤醒人们的爱意。

↑
载歌载舞

　　人生岁月，往事如歌；冰雪之上，故事生长；岁岁传递，激励你我。山神爷老把头就守护在你、我、他身边；穿上皮匠做的一双古老的鞋子，垫上靰鞡草，走进从前的山场子，呼唤几声那激越的森林号子；端起一碗吉菜，吃一顿江水炖江鱼，喝口老酒，就一口辣椒王的拿手果实，啃一口神奇的苹果梨；听一遍古老的渔猎仪式歌；看一场"农乐舞"和二人转，再收藏一下吉林的柳编、草编、松花石。你带着深深的信念走进这片土地，随着隆隆的动车走进你渴望的资源大地，你去拜见吉林的吉山、吉水、吉土、吉人，还有那笑呵呵，在岁月深处迎接和等待你的木帮老把头、人参老把头、渔猎老把头……

　　旅游，其实就是让人把心奉给一片热土。

旅游，就是心灵的探险。

岁月，让古老的东北亚最高峰长白山上的雪化了又积，积了又化，生生不息；西伯利亚的寒风，使松花江、鸭绿江、图们江的水冻了又化，化了又冻。岁月呀，能留给多少人类的记忆和生命的渴望？只有在生命的交流和走动当中，才能深深地触摸到生命的激情。人类的所有生生不息，与之相伴的，是那些故事，是那一处又一处热心等待你的故事，是人与人融合的感悟。本书将把这种收获都给予你。

在《山海经》里，长白山是古老的大荒山，它被称为不咸山；《山海经》里，多处详细地记载了大山的种种传奇和发现，给我们留下了生动而清晰的旅游指引。《山海经》中有长白山、大东北、吉林岁月的解读词。因此，本书正是传承着《山海经》的古代智慧，按着《山海经》的指点形成；它保留了远古的呼唤，正是一部流动的《山海经》；它唱念着自然、历史、文化等一切文化精华，传递给今天和未来。

旅游，就是把岁月的精彩交还给人民，交还给时代。

旅游，就是为了满足人民对美好生活的向往；更好地满足人民精神文化生活新期待，让中华文化的发展呈现出永久魅力和时代风采。旅游资源是珍贵的文化遗产，它从不重复，并不可再生。

我们要珍惜这些资源，看护它，亲近它，传承它，保护它，弘扬它。让我们拿着这本珍贵的旅游读本，走进吉林吧！朋友们，"诗"和"远方"在深情地等待你的到来！

写下以上的话，是为前言。

曹保明

2024年于长春

目录

017 玄冬

01 初雪降临，木帮进山——长白山木帮文化	020
02 地精出世认长白——长白山人参	034
03 冰湖腾鱼　雪野成仙——查干湖冬捕	041
04 黑土之上，带劲的年——吉林各民族年俗	050
05 饕餮冬宴冰雪蕴——各色冻品、斫冰烧酒、白肉血肠、乌拉满族火锅	060
06 取暖神器有源头——东北火炕	066
07 山高水远　吉如风——爬犁、渔猎运输、冰上运动	071
08 星程尽头索乌拉——船厂	081
09 万物有灵通天雪——萨满文化	086

093 九春

01 白雪有多灿，春天就有多野——野菜	096
02 三江春水鱼先知——开江节及鳇鱼贡	102
03 考古印迹刻岁月——春捺钵故事和遗址群	108
04 天地人和包万象——杨麻子大饼、李连贵熏肉大饼和满族大豆酱传统酿造技艺	114
05 只此一生，三次"大桌"——朝鲜族传统习俗	121
06 口中味道承民心——新兴园饺子、金氏过水手擀面制作技艺、牛马行牛肉饸饹	128
07 并没远去的手艺——吉林传统服饰和技艺	133
08 多彩霓裳，最炫民族风——吉林少数民族服饰	139
09 漂流河灯情花灿——松花江河灯	146
10 吉林庙会胜千山——北山庙会	155
11 人间烟火暖人间——吉林各大早市及早市文化	161

169 朱明

01 五月端阳，情满意满——满族端午节习俗	172
02 万般滋味布一方——延吉冷面、锅包肉、煎粉、松原蒙古族馅饼	177
03 国粹出科在船厂——吉林京剧	184
04 腾飞黄龙现北土——黄龙戏	190
05 艺苑新花绽新城——新城戏	195
06 情深意浓难割舍——吉林二人转	200
07 瑞彩传承舞翩跹——秧歌、农乐舞、鹤舞	209
08 祖辈记忆传古今——满族说部	216
09 记忆流淌珠光闪——珍珠球	223

231　金天

01　大豆摇铃　谷物归仓——秋收秋晒　　　　234

02　感恩时节，情系大地——各民族秋祭习俗、净月潭登高　242

03　奇粒闯荡岁月天——洮南松子　　　　247

04　北土辣心自成王——洮南辣椒　　　　254

05　独特"嫁妆"述来历——朝鲜族苹果梨　262

06　巧手绣得芳菲卷——草编、芦苇画、粮豆画　269

07　康熙御砚定松花——松花石砚　　　　276

08　乐声叮咚情铸心——伽倻琴、奚琴、长鼓　280

参考文献　　　　285

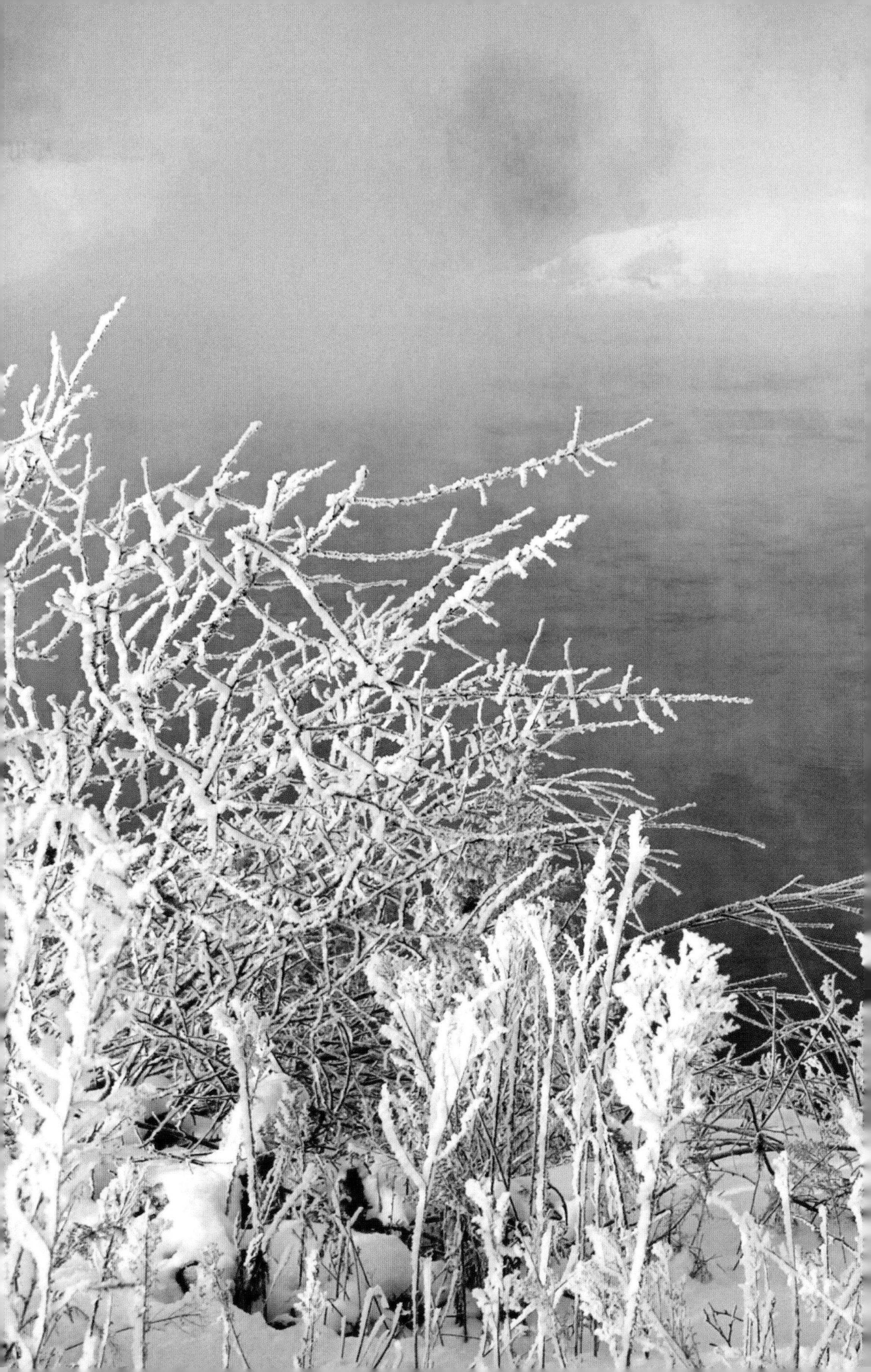

玄冬

人间的画师，画不出这天上的奇观。

一团浓厚欲滴的乌云，像饱蘸浓墨的笔尖，在苍穹之上游动。它吸纳吐收，变幻着形态，延绵开去几百里。而平流层的下方，所到之处乌云压顶，地球都变了脸色。

万里之上，由西伯利亚南下的这团冷空气，吹散了它们最后的阵型，体内无数的水滴瞬间冰冻，僵直，汹涌下沉。它们降落，告别，完成涅槃。

一朵纤细的雪花，滚动着六边形的棱角，降落在北纬42度。能落在这里的，每一朵雪花都独一无二，地球上四大滑雪胜地——欧洲的阿尔卑斯山、北美的落基山、日本的北海道、吉林的长白山，都在这个纬度上。

粉雪扑向大地的过程，是一场蹦极，眼看着就是黑压压一大片林子，绕过了层层密密的松叶林，扑向了地面，刚巧落在一顶走动的皮帽子上。皮帽子上的狗毛，早被冻得竖了起来，雪花刚好能下脚，稳住了神，它环顾四周，狗毛像是一片大林子，长满了树。

帽子下面的那个汉子，望着漫天飞雪倾巢而出，他忍不住转身一声嘶吼——下雪咯！长白山下雪咯！

初雪降临，长白山到了最有魅力的季节，千里冰封，万里雪飘，黑土之上的生态系统，自动切换了模式，汇成难得一见的奇观。

长白山的巨木，到了最干燥的时节，战天斗地的汉子，开始了砍伐，在顺山倒的森林号子中，漫天的密林就横成铺江的排筏，通过松花江、鸭绿江转战各地，成为建设祖国的栋梁，千家万户的房梁。

木排顺江而下，经过大哨险滩，流经一个打着八卦弯的地方。这里，结起了银花般的雾凇，朱棣大帝选址的船厂就在这里，"东北郑和"亦失哈经此北上，开辟冰雪丝绸之路。康熙大帝续造船厂，坚船利炮直达雅克萨，打响对外反侵略战役的炮声，从船厂到吉林水师营，再到吉林乌拉，远迎长白，近绕松江，扼三省之要冲，为两京之屏障，一个叫吉林的省份拔地而起。

↑
查干湖冬捕

　　冰封之下，生机盎然，松花江通往的另一头儿，是查干湖湖面以下才能一见的奇景。蒙古族的汉子们，一如祖先来到时一样，排开场面祭告江神，战马嘶鸣、百车轰隆中，上千米的巨网犹如成吉思汗的列阵，汇成渔猎史上罕见的绝景——查干湖冬捕。

　　查干湖的渔获，端上了年夜饭的餐桌，在晶莹剔透的冰灯的映照下，除夕夜开始了。黑土之上的年俗，也是汉族、蒙古族、满族、朝鲜族等各民族的共同节庆，争奇斗艳的年俗目不暇接，白肉血肠、满族火锅、元宝饺子、打糕……各族美味琳琅满目，刺激味蕾。苍穹之下，人类以各自的理解，对来年许下美好的祝愿。

　　冰封雪卧，封不住这方水土上活力四射的人们，爬犁、雪橇、冰上大车店……社会被种种奇特的交通方式串联维系，上演冰雪赛道上的速度与激情。

　　这些冰雪之上的神迹，有的人归功于神灵的庇护，认为冰雪是通往神灵的图腾，让这些不可能化为可能。通天的萨满，要挑选一个个神圣的节庆，感谢着落到地上的每一片雪花，向神明表达虔诚的感恩。

　　我们的人文吉林之行，选在这个绝美的季节出发。

初雪降临，木帮进山
——长白山木帮文化

迎着飘飞的大雪，长白山深处传来粗犷的呼喊："顺山倒咯"……

一声接一声，粗犷、彪悍的喊山声从密林深处穿透而出，在群山之间来回震荡，紧接着嘎嘣嘎嘣的巨木断裂声响起，寂静的森林像开了锅，树冠的浮雪震落了一层又一层。

一棵直径近一米、高达四五十米的擎天巨树，脱离了序列，带着重力加速度，即将扑向地面。巨大的树冠铺天盖地般地罩下来，一团黑影覆盖周边近百米的范围，无论是水桶般粗的树干尖端，还是海碗般粗的树杈，都在和左右树木的碰撞中、拉扯中摧枯拉朽般地瞬间砸断。随着巨大的咔嚓、咔嚓的树木断裂之声，碎木、断皮像爆炸的弹片一样，呼啸着四下飞溅，满山坡都是。

这是雷霆万钧的爆发，也是巨树最后的呐喊，伴随着一棵巨树的年轮终止，被这种大树砸死的木把也时常有之。这不是一般人能干的活儿，敢在这大林子里战天斗地的汉子，被称为东北最男人的男人。

长白山采伐的历史，把男人"打扮"成威武的汉子。

自然有最好的馈赠，北纬30度，贡献了四大文明，北纬42度，贡

↑
林海雪原

献了四大雪场。这里有一座圣山——长白山,这里有一片郁郁葱葱、一望无垠的大林子,足足有 4500 万平方米,根据海拔的不同,分为红松阔叶林、针叶林带、岳桦林,都是顶天立地的栋梁之材。这里是清王朝的发祥之地,1644 年清朝入关之后,被视为龙兴之地的长白山封山长达两百年,奉献给世界的,是一座长满了珍贵木材的金山,也给日后闯关东的木帮预留了一条活路。

鸦片战争后,清政府对边疆控制日益削弱,沙俄不断侵蚀黑龙江边境,清政府于咸丰十年(1860)正式开禁放垦。随着禁令的解除,关东地区迎来了大量的人口涌入,1877—1878 年,中原地区爆发了"丁戊奇荒",山东、直隶、河南、山西一带遭遇大旱,华北大批灾民涌入东北,掀起了闯关东的大潮。

自然也是吝啬的，从来不会向人类白白馈赠，不是顶天立地的汉子，砍不倒这顶天立地的梁材；不是豁出性命去的勇气，换不来这刀口舔血的银子。伐木靠人，运木靠江，从事伐木放排的这些闯关东的无畏汉子，就被称作"木帮"。

孙良的故事颇具代表性，据说从前山东莱阳有一户姓孙的人家，老两口儿就一个儿子，取名孙良。这一年，莱阳一带大旱，连草根和树皮都被吃光了。孙良听说关东山出人参，就和家人商量要去闯关东。可到了长白山里连累带饿，昏倒在一块大卧牛石下。他醒来后咬破手指在大石头上写道：

家住莱阳本姓孙，
漂洋过海来挖参。
路上丢了好兄弟，
找不到兄弟不甘心。
三天吃了个蝲蝲蛄，
你说伤心不伤心。
今后有人来找我，
顺着蛄河往上寻。

写完，孙良就死在这块卧牛石旁边了。后来孙良就成了长白山里的"老把头神"，专门保护山里那些放山、狩猎、伐木、放排、采集的人。

木帮的日常生活，就是与山林、冰雪、大树打交道。

木帮的活儿，分"山场子活儿"和"水场子活儿"。"山场子活儿"是指伐树、打岔、拾掇、运下山；"水场子活儿"是指木帮把原木列队穿排，放到江里流送。当第一片雪花落在长白山山头，东北逐渐转入酷寒，江河断流，千里冰封，水场子活儿只能挨到开春。而冰雪熏陶的杉木，经百年的生长，经一冬冰寒，水分蒸发了，纤维紧密了，正是请它们出山的

↑
林海雪原

时候。满山的树，笔直地挺立，百年的积攒，等待着这一刻的挑选。

最早的木帮，多是关内独门独户的汉子，带着博一把的豪气，跟着把头进了山，觅得一处山场子，扎下这一冬的根来。一个场子有一个大柜，有一个二柜，下分场子把头、爬犁头、槽子头，各司其职。而干活儿的那些人则统称为"木把"。进山的信号，就是每年那第一场雪花飞舞的时刻——"开套了"。

木帮统一住在筒子房里，没有门，两排炕，少则几十人，多则上百人，一个挨一个地睡。当间是一只大炉子，专门有"小打"负责看管，尽管日夜烧火，可在零下二三十度的深山老林里，筒子房就是个大冰窖，屋里还是寒风刺骨。一夜下来，呼出来的热气，就成了胡子上的冰花。

这被窝儿，没个热乎劲儿，早上天刚蒙蒙亮，把头就喊一声"起！"，这时木把们要迅速起身，摸靰鞡鞋，抓把雪擦脸，准备工具。谁敢稍有怠慢，把头的木棒子就会擂在你的头上——谁让把头是团队的灵魂，是绝对的权威。

林海雪原，树木遮天蔽日，人类点缀其间，自感渺小，战天斗地，风里来雨里去，总要托付点什么。木把们伐木，有许多说道儿，渐渐地就形成了一套规矩，比如在伐木之前要先搭山神庙，供上山神爷，所有人在把头的带领下，齐刷刷地跪倒，向山神爷祈福，求个风调雨顺，平平安安。祈福完毕，才能开锯。头一锯，还要放个"顺山倒"，以盼这一季都会顺顺当当，平安无事。

"顺山倒"，成了一个仪式，也是一个期盼。过去的采伐条件非常简陋，全靠人力，家伙事儿没一件带"电"字的。一人一柄开山斧，两人一把快码子大肚子锯，斧头差不多有半尺宽的刃，磨得倒不是多快多光，但定要带两三厘米一个钝角。放每棵树前，先用开山斧试试树根，确定没有腐朽或瑕疵，才敢下手，俗话叫"叫山"。选定了，大多是两人一组，两人对着放，全凭熟练和胆子大。刃口的那个钝角，能在角度精准的情况下，一斧子下去，硬生生掏出一大块紧致的木块来。就见你一斧我一斧，咔嚓咔嚓木块飞溅，再硬实的木材，也得咧开大口子。

放着放着，口子直冲树心里走了，斧子够不着了，大肚子锯就派上用场了，一人拉一头，还得避着风，不然木屑飞扬迷了眼。砍到差不多时，树会发出"咔咔"的响声，凭这个要判断树的倒向，同时"喊山"，给其他人发信号。

树倒的方向大有讲究，木帮最讲究"顺山倒"。

"顺山倒"的树，往往沿着山坡往上长，地形角度比较正，采伐后会借着重力，顺着向山下倒，方向固定，路线清晰，比较平安保险。遇上这种树，基本不用多操心，所以"顺山倒"往往也是一种吉祥的象征，往往在开锯前或年节，加上老把头的生日，这一天的一早一晚都要伐上一棵"顺山倒"，以求平安和吉祥。

而"排山倒"和"横山倒"是最不好对付的，这种树往往靠着崎岖的山林地带生长，生长角度本来就不好，树的根部还在下锯后向两边斜去，有时会同时压在几棵树上，互相支撑，形成一个罗圈状，滚不下去，也吊不上来。需要木把钻进罗圈，将身下的支撑树先放倒才能解套。对于这种活儿，木帮人常说："钻进罗圈套，木把命难保。放倒大树赶紧跑，稍慢一步命报销。"所以遇上了排山倒和横山倒，木把们会认为时运不济，要摊上横事，不吉利、不顺当。

一座座山林长成，一棵棵巨木倾倒，一代代伐木的经验教训相传，"顺山倒"成了木帮中最理想的伐木方式，也意味着平安、顺心、满意。可历史上，伐木工人们也有过特意不顺山倒的时刻。

20世纪三四十年代，东北人民在日寇铁蹄蹂躏下的水深火热中苦苦挣扎，抗争了14年，东北大地饱受日寇的掠夺，长白山的木材成了日寇惦记的财富，每年被掠走无数。抗联也打入了木帮，带领同胞同日寇进行各种斗争。木帮里的伐木人故意让伐倒的树木"排山倒"或者"横山倒"，以增加木材下山和运输的难度。有时候还会故意让木材倒进乱石塘，让那些上好的木材运不出去，腐朽在乱石塘中。"排山倒"成了抗击日寇的一种武器。

伐木生成的国家级非物质文化遗产——森林号子是生活中最激动人心的劳动歌。

大树伐倒后，木把要提前把伐倒的大树上的枝枝杈杈都砍掉，只剩下巨大的原木。然后靠人力将这些原木归置到开阔处，准备往山下运。堆放在江边河岔，准备开江之后穿排流放，这道工序叫"集材"。每根原木差不多都有磨盘粗细，十几米长，抬这种木头的劳动强度非常大，很耗体力，所以木把必须大声地喊号子。由抬木人的领头人"杠子头"来"领唱"，其余的人"接唱"（又叫接号），便于抬木行走时迈步整齐，使木头悠起来，从而平分压力，运走木头。比如：千斤重哪，嗨嗨；众人抬呀，嗨嗨；快快走呀，嗨嗨。

领头的喊一句，大伙嗨嗨两声，步子迈齐了，卯上劲地抬木头……起号人的第一句，往往决定这首号子的成功与否和流传能力，号声的大小、高低、粗细、强弱都决定着其他接号人的抬木劲头，步伐步态，甚至运送距离和时间的掌握。号子头的起号内容也丰富多彩，变化万千，从开始的"哈腰挂"到"撑腰起""迈开步""往前走"，直到他在抬木途中见景生情，见物比物的表达，不但为大家解闷，还有"指挥"上跳（上跳板）时的注意事项。到了"楞上"（木堆或车上）怎么放木，哪边先落等，都要由他的"号子"去"指挥"，充分体现出了长白山森林号子的独特内涵。

2008年6月7日，森林号子经国务院批准被列入第二批国家级非物质文化遗产代表性项目名录。

原木下山，木帮收山，又叫"搯套"，指采完木，又开始了"拖木"系列劳作。

想要把堆积成山的原木运到山下，木帮总结了几种办法，但没有一种是轻巧安全的。一种是用称作"疙瘩套"的爬犁往山下运：将原木的一头儿掏上眼，穿上绳索，系好吊子，然后爬犁一来，搭上牛便走。根本没有路，到处是冻结实的雪块子、冰凌子，空手下山都够呛，更别说牵牛了。

↑
冰雪木帮

↑
长白山木帮

还是靠两人配合，一个人在前面牵牛，一个人手拿挖杠，跑得比牛快，拨弄着沿途的障碍，好让爬犁走得尽量顺当点。都说上山容易下山难，山势陡峭，冰雪湿滑，爬犁经常稳不住吊，发生"跑坡"，巨大的木头像撞钟一样直贯下来，往往会人死畜亡。

所以，有时候，他们也不用牛拉爬犁，而是放"箭子车"或是"放冰沟"。听名字，速度感就上来了，的确，在选好的山地上修出一条雪道，然后把木头一件几件地放下去，原木就像坐滑梯似的，借着重力，顺着坡度，一直滑到山下。但这种运送方式，速度上来了，危险性也就更大了，生死可谓都在毫厘间，毕竟几吨重的巨木不会那么听话，哪边一有点小磕碰，巨木都能脱离轨道、撞出冰道、胡乱飞起，要是磕上人身，瞬间就变肉泥。

一根原木终于下山了，等到开江，放排人把它们串成排，推下江，顺着松花江一路漂流，成为水师营战舰的甲板，成为千家万户的房梁……到那时，已经没有多少人知道，一根原木的下山，背后是这样一个需要拼命的故事。木把们也不会知道，自己曾在决定国运的战场上出过大力拼过性命。也不会知道，这原木顺江到达的地方建起了船厂，才有了吉林；也不会看到，那原木做成的房梁下，千家万户的温暖灯光。

天色暗下来，吃一把叫作"没腿大海米"的盐水黄豆，再看一眼这白茫茫、静悄悄的大林子，木把拖着冻成冰雕的大棉裤，转身进了大筒子房。头对头，脚对脚，汗味烟味串着飘。

这一天，就这么过去了。这一冬，就这么开始了。直到春暖花开，松花江开冻，更艰苦的活计还在等着他们。

松花江开江，生死漂流的岁月也便悄然而至。

冬季，木帮忙着山场子活儿，把砍伐下来的木材在河岔滩涂码好，等到开春江水上涨，就轮到这九死一生的水场子活儿——放排。木帮将在河岔等待一冬的巨木钻细孔、打楔子，用麻绳串成一排，由陆地延展到水边，最后推入水中，开始一路放逐。一般放排的长度可达百米，一趟送300～500根木材，大的甚至能达上千根，远看就像一片海上陆地。

放一批排，需要3~6个人，"头棹忙，二棹稳，帮棹尾棹要拿准"，在木排上，领头的叫"头棹"，地形熟、水文熟、天气熟、江两岸的人头也熟，毕竟松花江来回盘过多少遍；"二棹"负责木材的安全，还要操心一路的吃喝拉撒。还有一些负责上下排的力工，水浅浪缓的时候，力工撑杆划排，险滩激流的地方还要跳进江水固定木排，防止木排被冲散。众人密切配合，时刻掌握好行进方向，尽量让其避开激流险滩。

如今很多影视剧里的经典画面，却是老木帮人的往昔日常：滔滔松花江，从长白山一路奔腾而来，带来湍急的开江雪水，带来沿途的枯枝泥沙，也带来江面上顺流而下的移动陆地——产自长白山密林里的巨木，成百上千，绳索相连，密密麻麻，磕磕碰碰，铺满小半个江面。老头棹立在排头，纹丝不动，顺着江水起伏，一路到这儿。木排横着，把波浪劈成两半，人临风站着，把风分为两边。

这一路，经历了多少恶河滩、哨子口，蹚过了多少暗石和泥沙，每一处恶

←
鸭绿江放排

河滩、哨口都有放排工的墓地，尤其是那些梯形级坎、落差很大的大哨。裤子叉、小孩哭、老虎哨、阎王殿……名字述说着地形，彰显着警告：裤子叉就是河流从中间分叉；小孩哭就是流速大，像小孩在哭；老虎哨表示梯形级坎最为凶险，如同老虎吃人；而阎王殿，就是闯过鬼门关。

作为松花江上的放排人，没有避险的选择项，只有选择南流水或是北流水的可能。南流水是从长白山到鸭绿江，全长蜿蜒曲折700多公里，是东北地区最长的放排水道；北流水的长度只有350公里，但最危难的是上源，那就是从松花江上源到吉林船厂。虽然北流水的航线较短，但凶险却远高于任何水道，它山谷多，落差大，因此也被称为"恶水"。

待到松花江中段最奇特的一处大哨险哨——老恶河（红石砬子），所有人的神经都紧了又紧。因为松花江淌到这里，像是突然扎着腰收了口，留出了一个比木排宽不了多少的口子，湍急的江水像被扼住了脖子，等不及的江流打在河滩上，溅起千万层的雪浪。江中心偏还卧着一块铁牛般的大礁石，像要给松花江加上一个塞，不服气的江水拼命往外顶，哨口像一壶烧开的水喷溅而出，激泉冲天。

有经验的放排人知道，过哨要快，动作要准，犹豫不得，耽误不起，紧急情况下，木工得扎进水里，用力稳住最前的木排，用木棹强行推动木排，令其尽可能地倾向一侧，这样才有可能勉强渡过可怕的鬼门关。一旦放排工手上出现失误，则排毁人亡。

红石砬子老恶河险滩被放排人称作放排郎的坟场、江流儿的墓地，大自然的蛮力在此神威独挡，人力的干预在它面前渺小可笑，即使被耗得精疲力竭，也只能眼睁睁看着棱角坚硬的巨石冲撞而来，眼睛一闭，听天由命。

老棹头依然纹丝不动，马步站稳，盯着巨石待机而发，像是斗牛士引诱着斗牛激怒发狂，主动撞上来……这不是放弃，是心理与勇气的考验，是自然与勇者的默契，最为神奇的事情发生了，就在相撞的那一瞬，木排

↑
鸭绿江放排

↑
鸭绿江放排

竟有如神助，在巨浪里自动闪躲腾挪，真如斗牛士电光石火之间闪避牛角一般，最后关头滑向一边，擦着边毫发无损地过了险滩哨口。

"啪嗒"一声，木排越过险滩哨口，腾空而起，重重摔在下游。离险滩哨口越来越远，江水也渐渐平静，头棹待木排稳当了，回头数数人头，二棹、小棹都在，盘木排，一根没散，这才呼出一口大气——这一关，算是挨下来了。

这过红石砬子老恶河的一招，要感谢当年一个头棹，传说他当年抓紧木棹，用尽全力将木排撑至右侧，看似离哨口越来越远，却不料手中的木棹突然"咔嚓"一声断为两截，失去支撑力的木排顿时如装上了磁铁，直直向正中央的大铁牛撞去。

头棹心中一凛，天意如此，双目一闭。不料木排在即将触及礁石的一刻，突然像有神灵相助，画出一道诡异的曲线，改道漂入左侧江道。原来，此地水流虽然急势，但左右分明，自然的力量像是计算过一般，推动木排自动避过礁石。

无论哪条线路，都要横跨 6～8 个月，全凭木排上搭建临时的简易窝棚吃喝拉撒睡。白天穿江走浪，夜听蛙叫虫鸣，风吹雨打，日复一日，就像西天取经的九九八十一难，光长白山到临江，就有43处险恶哨口。老棹工都知道，"过了牛吼哨，还有门槛子哨！"，这是又一个鬼门关，放排多年的老棹工也充满敬畏。因为一般的险哨，就是落差那一瞬，长点的也就几公里，熬过去也就过去了，比如掐脖黄长约3.5公里，岸边布满了密密麻麻的黄色石砬子，一旦撞上就会失去方向。但唯有这门槛子哨，是一处长约20公里的险滩，江底暗礁无数，像摆满一阶一阶门槛子，引得木排剧烈起伏颠簸，犹如野牛一般不听使唤。

这20公里的路程，是对人生理心理的极限考验，颠得人神智错乱，精神崩溃，五脏六腑乾坤位移。如果是大风天，起伏颠簸的幅度就会更大，要么把人从排上甩飞，要么巨木互相碰撞挤压，绳索断裂，排散人亡。因此，每次过门槛子哨，老棹手让人将大木排分解成小排，化整为零，做好随时绳断排散的最坏准备。还得反复检查捆绑的木排，加固铆钉。二棹也把早准备好的生姜捣碎，让每个人贴在肚脐上，或者将朝天椒塞满各人嘴巴，在火烈烈的刺激下，保留残存的意识，才敢跟这20公里的"超级过山车"扳扳手腕。

最有经验的老头棹，还得依靠江上的老朋友——"水老鸹"。"水老鸹"是一种类似水鸭子的鸟类，栖息于山涧河谷溪流露出的岩石上，喜欢贴近水面掠行，专吃江里的小鱼。据说，遇到险哨，就跟着"水老鸹"走，往往能顺利涉险。传说放排的祖师爷，就是一位外号为谢老鸹的人，此人是山东人士，来到长白山以放排为生。有一次，眼瞅着木排被暗礁拦住去路，层层堆积"起跺"，眼看就要排毁人亡，谢老鸹毅然跳入水中，撬开竖木顺利开跺，保住了人与排，自己却被江流卷走。

行内便把"水老鸹"当成谢老鸹的化身，祈祷祖师爷能带着他们避开暗礁，渡过险哨。不单是美好的心愿，鱼类都喜欢生活在水流平稳且微生物众多的江心，远离水流呈现涡流状态的暗礁，水老鸹掠水捕食的所在，自然也是礁少水稳的地方。

楞场的照片

过了门槛子哨，头棹稍稍喘口气，来袋烟，指挥二棹安排饭食。过哨十分颠簸，放排人为了避免呕吐，前一晚就开始空腹了，此刻，下半身被江水打湿，上半身被汗水打湿，也该弄点热饭暖暖身子了。

食物很清苦，一般是酱豆、干木耳和腊肉，偶尔因为安然渡过了牛吼哨，大伙儿高兴，难得升了炉火蒸起了热馒头，还撒下了渔网。如果说有什么是放排人最享受的，莫过于此刻了，在险滩哨口渡尽、征程平安之后，就着松花江的"三花一岛"（"三花"是鳊花鱼、鳌花鱼、鲫花鱼，"一岛"是岛子鱼），清蒸白煮、明火烧烤，来上几杯烧刀子，也算人生快慰。毕竟风轻云淡之后，这最后一处哨口就算过了，放排人这一年的性命，可就算是保住了。

此刻的松花江，似绵延在山峦间的飘带，碧波轻盈，带出两岸青山如黛，黑土神奇，好一幅诗情画意：映山红花开，峭壁争春，那是松花江开江报春；树木染绿，郁郁葱葱，那是松辽大地纳凉送爽；层林尽染，五花流金，那是黑土地秋实丰收；冰封千里，皑皑纯白，那是长白天下雪……走了几十遍的老棹头也不禁感叹：不上排，看不到这移动的风景，不漂排，跟不上这行走的大地。

滔滔松花江，江水川流，放排不止，历史学家们表示，放排最早可以追溯到春秋战国时期，但后来随着社会的变化，放排也曾销声匿迹过一段时间，比如清朝时期清廷对长白山封锁了200多年，使得整个行当都消失了200多年。随着长白山的解封，才让这个勇敢者的游戏起死回生。直到20世纪90年代，松花江上建起了大坝，这是放排人无法逾越的大哨，加上运输工具的升级、长白山森林的保护，放排这个行当终于消失于历史长河之中。

历史创造了这些行业，也消融了这些时代的符号，像盐帮、茶帮，渐行渐远。已经退休的林业老工人记得，中华人民共和国成立后，各地成立了林场，木把成了林业工人，铆足了劲儿为国家建设挥锯采伐，每天都有长白山出产的优质木材通过公路、铁路、水路，支援着祖国各地的建设。那是"顺山倒"的伐木号子在密林里喊得最响亮、传出最远的时代。

如今，为了保护生态平衡，国家果断提出停止"商业性天然林采伐"。采伐工人又变成了育林工人，代之而起的是漫山遍野的植树造林大军和郁郁葱葱快速成长起来的天然林和人工林，长白山四季常白，也四季常绿，成了生态优越、风景优美的旅游胜地、金山银山。

今天你到长白山来，还能见到这些气魄雄浑的木帮表演，触摸那些穿靰鞡鞋、戴狗皮帽的木帮雕像，听到已被列为国家级非物质文化遗产的森林号子，还有那巨树参天、巨木铺排。随着松花江生态旅游风景区的建成、松花江旅游航线的开辟，老头榷们奋战的南北流水，已经成了一票畅游的"长白山—松花江"经典游线。一个个险哨，被游船节、露营节、音乐节、龙舟赛、垂钓大赛等文旅活动所取代。

放排已逝，放排人精神不朽，如今来到北流水的尽头——吉林省吉林市，在市中心的江城广场上，还能看到一座拔地而起的摇橹（其实是放排搬棹）塑像——"激流勇进"的城标，它生动记载着木帮文化的史实，永固着木帮挺拔傲雪战天斗地的抗争精神，还有像松花江一样奔流不息、开拓进取的民族性格，犹如张力十足的力量源泉，无形辐射着整个东北大地，是东北人心中又一座长白圣山。

02

地精出世认长白
——长白山人参

  传说在很久以前的长白山脚下,有一年,大雪封山,有个叫老树皮的猎户犯了难,眼睁睁地看着生病的老婆子躺在炕上,一点儿办法都没有。这天晚上,老树皮喝着闷酒,突然来了个穿着红肚兜、扎着冲天辫的小孩,上炕端起酒碗就喝。一老一少天南海北地聊了起来,小孩说真羡慕老树皮,去过那么多地方。老树皮说:"等雪化了,我也领着你下山去转转。"只见小孩摇了摇头说:"我不能离开的"。

  小孩几乎每天都来,两人成了忘年交。有一次,小孩问:"你为啥老叹气呢"?老树皮就把老婆子的病给说了,小孩笑笑,扯了一根头发放在桌上,说:"你把这个给你老婆吃了,吃完就好了。"老树皮拿起头发一看,竟是一根人参的根须。民间说:千年须,万年根。看来这个小孩就是个千年人参精!给老婆子服下参须之后,老婆子的病果然好了。

  吉林长白山,山上集满人间精华,山下集满无数这样关于人参的传说,它们交相辉映地互证着,人类对自然的每一分尊重,都会化成自然对人类的每一分厚待。

  人们都说圣山出圣物,人参是大自然的慷慨馈赠,这话一点儿不假。

玄冬

↑
吉林松花江畔

↑
六月长白山

长白山是鸭绿江、松花江、图们江的发源地,更是北方诸多游猎民族心目中不可动摇的圣山,也是举世瞩目的"物种基因库""自然博物馆"。在长达32亿年的长白山地壳演化中,阳光始终岁月静好地透过茂密的树叶,穿过粗壮的林木,与地面的绿荫连成一片。在这处远离人间烟火的地方,树木棵棵笔直,株株参天,地衣厚厚沉积,仿佛一幅斑驳的古画,幽暗宁静,周而复始。偶遇一阵山风吹过,松涛阵阵,似万顷碧波涌动。

无数宝藏,就藏在碧波之下。作为我国五大药库之一,宝藏森林中有870多种药用植物,其中以长白山野山参最为珍贵。长白山人参形美、质硬、气微香,味微苦且甘。中医认为人参"补五脏、安精神、定魂魄、除邪气、止惊悸,明目开心益志,久服轻身延年"。科研人员还从中发现和分离出30多种人参皂苷,且其含量高于其他人参品种。

人参价值高,而栽种人参的"参农"都是很辛苦的。这里有一个"守土50载,终成百草王"的故事。

长白山人参是如何被培养出这样的王者气质,终成百草之王的呢?据研究,自远古到现在,野山参的生长特性从未根据自然环境有所进化,"木秀于林风必摧之",因此它们的生存条件极其艰难。野山参存活率极低,仅为5%,即如果10000颗种子能成功入土,约500颗种子成活,其中仅有约25颗种子能真正成材。在"千军万马过独木桥"的残酷淘汰率下,保障了每一棵被人类发掘的人参都不负地精之名。

野山参不仅存活率低,相比其他植物,其生长过程也是非一般的缓慢。每年5月,人参苗破土而出;6月至9月,人参开花结籽进入生长旺季;9月中旬至翌年5月中旬,开始养精蓄锐进入长达240天的休眠期。此后至少15年,每年生长增重也就在1克左右。所谓守土50载,野山参被采挖后,周围土壤养分被尽数吸收,此处50年内不会生长出新的野山参。

再加上长白山的地理位置、气候条件,森林中阴凉、湿润、肥沃的腐殖质土层、散射的阳光,都给人参生长提供了得天独厚的优越条件,经年

玄冬

↑
人参果

←
长白山人参

累月集成天地精华，长白山野山参终成人间至宝，参中之王。

崎岖放山采参路，条条旅游探险行，这是许多人来吉林的深深的渴望。

人参的名号也很多，由于人参是多年生草本宿根植物，头足具备，酷似人形，有很高的药用价值，可以延年益寿，人们自古就赋予它各种神奇的色彩，称之为"神草""地精"，满语意为"百草之王"（读音：奥尔厚达）。加之长白山是清太祖努尔哈赤的发祥圣地，自然被视为钟灵毓秀、人杰地灵的宝地，故采参亦云"挖宝"。

清朝统治者怕挖了"龙脉"，康熙初年即采取封禁政策，禁止外人进山；而山东河北等地的关内流民迫于生计，常"死逼无奈闯关东"，钻进茫茫密林"放山"。因此历史悠久的"放山"至清代而极盛，还产生了特殊的山规、习俗和放山人一整套的信仰、禁忌。

在长白山遮天蔽日、虎狼出没的原始森林中，人类渺小无力，可谓危险丛生，首先就需要神的护佑。最初由于畏惧，参帮崇拜老虎，奉老虎为山神爷，立山神庙，入山及获参，都虔诚祭祀。清代以后，山中保护神的角色便落到第一个由山东来开山并死在山里的老把头身上。

传说老把头死后成神，常出来显圣，化为白胡子老头儿，引渡迷山的人，指点他们获得宝参，脱难下山。旧志记载：阴历三月十六是老把头生日。每至此日，长白山下各村镇采参人、伐木人、猎人都置办酒席，焚香设奠，以祈平安。

不称人参称棒槌——采参的神秘行规，那是东北地域文化和长白山民俗的深情。

采参可分三个阶段：第一个阶段是阴历四五月间，此时百草初生，树叶封门。参苗萌发，叫"放芽草"；第二个阶段是六七月间，丛草浓绿，参叶藏在杂草中，最难辨认，叫"放黑草"，民间称"青榔头市"；第三个阶段是八九月间，秋天参籽成熟，鲜红光洁，形似鸡腰，冠诸团生细秆之上，很像榔头，故民间亦称"红榔头市"，为采参的黄金季节。九月以后，参籽落净，又曰"放刷帚头""放黄罗伞"，或曰"放韭菜花"。

清代最早地方志《鸡林旧闻志》记载，按山规不许多说一句话，一发现人参时立即大声呼叫："棒槌！"（据说叫一声"棒槌"，人参就会被"定住"不再逃跑），因为这是人参的"小名"，传承着吉林乡土的亲切。再一手捏住人参苗叶，放开喉咙喊山："棒槌……""什么货……""四品叶……"有问必答，一呼百应，凡是听到的人都要一起唱和，这就叫喊山。接着又用草帽覆盖，使人参束手就擒，并用红绳把参绑在树枝上，这样才算捉住了人参。挖参之前要三跪九叩。人参是有灵性的，所以在挖之前全家人都要跪拜它，祈求它给一根上品的人参。这些神秘而独特的生产文化，慢慢成了长白山地区所特有的民俗，和长白山里木帮的森林号子一样，长白山采参习俗已被列入国家级非物质文化遗产代表性项目名录。

如果有人想来长白山森林探险，那就走上长白山人参之旅吧。这是当代长白山人参的新馈赠。

人参是大自然的伟大馈赠，长白山人参更是绝佳的手信礼物。不管是珍贵无比的野山参，还是性价比高的移山参，或是物美价廉的养殖参，在人参的故乡总能找到一款合适的人参作为馈赠佳品。如今，在汩汩奔流的松花江畔和莽莽苍苍的白山黑土，到处可见人参产业的部署。每当天色渐亮时，在全球最大的人参交易市场——万良长白山人参市场，参商将现场挤得满满当当。富含"东北味儿"的直播间，更是吸引众多消费者驻足。

↑
长白山森林

线上线下同时发力，人参冻干粉、人参咀嚼片、人参大枣饮料等衍生产品也销售火爆，人参家族形成高低错落、功能各异的全新面貌。

而被国家命名为"中国人参之乡"的抚松县，作为唯一的国家级人参区域性良种繁育基地，已建设完成100亩种质资源圃，收集保藏各类人参种质资源200余份，制定并发布"抚松人参"系列等33项标准。截至2023年年末统计，抚松县域内人参留存面积609.59公顷，产量达2713.5吨。4.5万人直接从事人参产加销及相关产业，人参元素成了吉林最耀眼的一个健康符号。

来到长白山西麓的辉南县，游客还能在老把头的带领下，穿越河流、进入深山，前往长龙林下参基地体验"放山"文化，拜山神、拿起"索宝棍"、拴红绳、"喊山""接山"，还能品味精致的"人参盛宴"：人参猴头乌骨鸡、人参糯米黑山猪、桂花人参……一道道人参美食呈现在食客面前，让这趟"人参之旅"记忆深刻。

自然厚待吉林，长白山这座博大精深的圣山，通过人参，将滋养源源不断地输送进人类的体内，完成自然与人类的万年协作。它也在告诫我们，只有尊重自然，才能获得自然如此丰厚的回报。

↑
参鸡汤

↑
参片

玄冬

03

冰湖腾鱼　雪野成仙
——查干湖冬捕

……
凛冽的寒风苍狼似的叫，
吹透了老山羊的大皮袄。
套上了骡子架上了马，
拉起了装网的大雪橇；
……
砸开了冰层敲碎了玉，
一排排冰眼开锅似的闹。
众多的窟窿连成了排，
两千米的大网冰里消，
穿杆行网一点点顺，
栅起了网墙水中牢。
……

伴随着《查干冬渔》的歌声，冰冻雪裹的查干湖像从沉睡中怦然醒来，一串串冬捕的爬犁往来奔波，拉网的马轮子开始绞动，上千米的渔网在水下牵引滑动。腾腾水汽中，鳞光闪闪，万尾腾跳，鱼儿啪嗒啪嗒互相拍打跃出冰面，也拍打着渔猎汉子们兴奋的神经，查干湖冬捕最为著名的景观徐徐展开，"万尾鲜鱼出玉门"终于不负期盼，横空出世。作为渔猎民族生存史上的活化石，查干湖冬捕再一次认证了蒙古族与自然的相互依存，而这样的认证，已历经千年。

查干淖尔，长生天的丰厚恩惠，使冬捕更添神奇特性。

查干淖尔为蒙古语，意为白色的湖泊，这个中国十大淡水湖之一的北方湖泊，位于吉林省松原市前郭尔罗斯蒙古族自治县内。作为吉林省最大的内陆湖，查干湖的自然资源丰富，盛产鲤鱼、鲢鱼、鳙鱼、鲫鱼等丰富的鱼类以及虾类、芦苇、珍珠等水产资源。蒙古族同胞沿袭祖先千年传统，过着"逐水草而迁徙"的游牧生活，因水丰方能草美，而后牛羊肥壮，故水为善之源头，水草丰美的查干湖，自然是他们赖以生存的宝地，其中更少不了各种各样的美丽传说。

史载，金代大安三年（1211），一代天骄成吉思汗来到此地，认定查干湖是天神赐予蒙古族的恩惠，是兴旺发达的守护神，于是在湖畔燃起九堆圣火，奉上九种供品，向湖中洒下马奶酒，并供奉了九九八十一只绵羊。此后祭湖大典代代延续，成为蒙古族祭祀天父、地母、湖神，保佑万物生灵、百姓生活的传统。星移斗转，沧海桑田，历史的刻度在变，查干湖灵气不变，祭湖醒网的仪式，经岁月的镀铬，已成为中国渔猎文化的鲜明符号，被称为"最后的渔猎部落"。

辽代从圣宗至天祚皇帝，每年都来查干湖春猎，击冰取鱼，大摆头鱼宴，"春尽乃还"。而到了明清时期，查干湖冬捕已闻名中外，数千米的巨网，已近乎是对人类技艺的极限挑战，而一网打出数十万斤鱼的恢宏战果，更是足以震撼这个星球上所有以渔猎为生的同行。自然的慷慨，渔夫的智勇，硕大到夸张的渔网，神力的保佑……传说与现实交相辉映，一种坚信不疑的湖神崇拜，也形成了一套独具宗教、民族特色的祭湖仪式。

冬捕前，要先醒网祭湖，这是流传千年的古老仪式，充满了自然岁月的特征。

查干湖冬季捕鱼前的祭祀仪式，如今还在如期举行。每年的这一时刻，人们早早围聚冰面，在凿好的冰洞前摆上红色供桌，上铺黄布，摆好香炉、白酒、高香，诵经的僧人手持法轮等佛具，怀抱供品。仪式开始时，鼓乐队奏乐，各司其职的人员按顺序先后进场，首先是诵经僧人，其次是跳查玛舞的演员，再次是渔把头，然后蒙古族姑娘和青年渔工分乘马爬犁向场内行进，开展仪式。最后由冬捕的主角——渔把头朗诵祭湖词：

啊，长生天，先祖之灵，
庇护众生，求昌盛，求繁荣。
查干湖，天父的神镜，

↑
查干湖冬捕

查干湖，地母的眼睛；
天生万物，地长生灵。
都握在查干湖天父的手中，
都聚在查干湖地母的怀中。
万能的长生天，仁慈而厚爱，
神奇的查干湖，有求而必应。
献上九九礼品，奉上万众心诚，
湖神大敞胸怀，感动八方精灵。
敬上九炷檀香，插上九枝青松，
献上九条哈达，摆上九种礼供。
啊，歌天唱地查玛舞，
鼓乐齐鸣诵经声。
举心为灯昭日月，
满湖金银庆丰登。

在特别的音调与韵律中，这个马背上的民族通过祭祀仪式，向长生天表达信仰，寻求祝福，也与千年前的祖先进行着古今的呼应。

什么样的"神眼"能隔冰识鱼，在最原始的捕捞方式中，老渔把头就有这个本事。

作为目前中国北方唯一保持传统捕捞方式的部落，查干湖边的蒙古族渔民仍然沿用祖辈遗留的技艺和组合，每组由渔把头、二下手、跟网、扭矛、走钩、小套、送旗（灯）、打更、车老板等约60人组成，浩浩荡荡总人马得好几百。这么大规模的围猎，关键就在于下网，必须选择一个好"窝子"，才能网到期待的结果。这项工作，得请经验丰富的渔把头出马。

常年在查干湖营生的渔把头，对这一带的地形地貌早已烂熟于胸，隔着一米来深的冰面，湖的底貌及水深如在眼前。据说查干湖水

玄冬

冬捕时节
↓

↑ 冬捕节上的头鱼　　↑ 前郭查干湖冬捕

并不深，平均水深也就两米，冬季结冰，冰层厚达一米，留给鱼群的生存空间不过半米。空间的压缩，使得群居的鱼群更加密集，呼出的水汽上到冰层，也凝成了气孔。最有经验的渔把头，就是通过观察气孔的密度来判断鱼群的分布。且鱼群形成的气孔和植物透气形成的气孔还有细微差别，有时难以辨别，这就需要用到耳朵，把耳朵贴在冰面上，通过水流声来分辨鱼群的位置。

渔把头确定位置后，即开始凿冰钻眼，以此为中心，竖起翅旗。渔把头再由翅旗位置，迈步数百步后，插上圆滩旗，由两面圆滩旗定位确定出网眼，插上出网旗。但见几杆大旗猎猎生风，在冰天雪地里分外惹眼，而它们划定的冰面范围，就是这次冬捕的网窝。网窝的大小、走向，全凭渔把头送旗的角度，几百人马的这一季收成，也全在这项工序里。

确认好网窝，即开始下网。他们先在冰层上每隔数米，凿一个冰眼，一网下完，要凿几百个冰窟窿，然后再用杆子串上渔网，下到冰层以下，接到下一个洞口，如此接力。粗犷的汉子犹如手持长杆做成的绣花针，在水下串起这张2500米的巨网。铺网的工作，已不是人力所能驾驭的，得有蒙古族同胞最得力的动物伙伴——马儿们来完成，数匹高头大马拉动绞盘，在冰面上旋走，被带动的大网在冰层以下渐渐舒张，浮子随水流轻轻摆动，各就各位。这个工作，沉重且漫长，仅下网的过程就需要八九个小时。

战马嘶鸣，气势恢宏的捕鱼场面，使渔夫一个个成了"神仙"！

传统的冬捕场面，犹如古战场一般壮阔激烈。身穿羊皮大衣、头戴狗皮帽子的渔民，驱动高头大马奋力拉动绞车，随着绞车的盘动，在水下舒张连绵2500米的白色巨网，此刻逐步收缩凝聚。从冰面看下去，水下一片惊慌失措，鱼群被包围归拢，密度越来越大，随着长达2500多米的巨网从冰窟窿里被一截截地拉出，在人喊马嘶声中，壮观的画面震撼人心：热气腾腾中，鱼儿咕嘟咕嘟往外冒，被渔网从冰下带出，在冰面上翻腾、跳跃，鱼跃冰面的壮观景象引来了人们阵阵欢呼。随着巨网不断出水，鲜

玄冬

↑
冬捕节上的鱼宴

↑
查干湖渔业

鱼成堆成堆聚在冰面上，高高跃起，竞相拍打，这就是查干湖冬捕最为著名的景观——"万尾鲜鱼出玉门"。最多的一网，能捕获超过 50 万斤的鱼群。

风雪，在冰面上吹刮，渔夫在雪雾中穿行，远远看去，朦朦胧胧中，如神仙降临冰面。

人类尊重自然，自然厚待人类，封冻下的查干湖，就赏赐了如此鲜嫩而肥美的鱼儿。从远近各地赶来的人们，有不少是冲着拍卖头鱼来的。曾在冬季捕鱼作业中，当地渔民成功捕获了一条体长 1.25 米、重量达到 78 斤的大青鱼，令老渔民都直咋舌，大家都叫它"青鱼王"。

致敬先祖、致敬自然，才是人类最珍贵的文化遗产，又叫"双重遗产"。

↑
收网

玄冬

　　查干湖冬捕气势恢宏，查干湖的鱼也不遑多让。夏秋季节，湖泊周边的自然植物引来了众多昆虫，肥美繁多的昆虫，提供了鱼儿饱餐的美食；到了秋天，草籽被劲风吹落水中，又给鱼儿提供了营养丰富的美味。再加上清澈的水质，查干湖的鱼养尊处优，形成了独特的肉质，鲜而不腻，纯朴自然。查干湖鳙鱼（俗称胖头鱼）先后得到国家、国际组织"AA级绿色食品"和"有机食品"双认证，2006年10月被命名为中国名牌农产品。2008年，查干湖冬捕又被国务院批准确定为国家级非物质文化遗产。

　　如今，查干湖冬捕已成为当地旅游的"金名片"，尤其是每年一届的查干湖冰雪渔猎文化旅游节，吸引全国各地的游客前来观赏体验千年渔猎文化，"头鱼拍卖"更是历届的重头戏。各地游客来到这里，可以体验寓意吉祥的"凿冰下网，雪日丰收"，在老渔民的带领下，见证冰镩打眼、

↑
查干湖冬捕盛会

扭矛走钩、冰下行网、马拉绞盘……各种神秘的传统技艺，似乎带人回到了那个战马嘶鸣的时代，也把"年年有鱼，年年有余"的好意头，通过游客带到四面八方。

04

黑土之上，带劲的年
——吉林各民族年俗

年，是一种自然的符号，将春夏秋冬"结绳记事"，将一段旧光影画上句号，再翻篇开启新章。这是时间的总结，也是文化的凝结。黑土之上的吉林，既有深厚的森林底蕴，也有多民族聚居的文化特点，在年俗上也你中有我，我中有你，形成了具有独特风格的传统习俗。

在东北吉林，蒙古族、满族、朝鲜族……这些民族都过大年。

满族春节古称"元旦"，满语称"阿涅业能业"，源于汉族习俗，也是每年农历正月初一举行，是满族的盛大节日，也是满汉融合的结晶。努尔哈赤建立后金政权后，天命三年起兵进入辽阳、沈阳地区，在汉族经济文化的影响下，以渔猎为主的满族社会发生了很大的变化。皇太极继位后，顺治元年清军入山海关定都北京，大批满族居民迁移关内，与汉族杂居共处，在长期融合中，汉族许多习俗文化被满族同胞吸收，春节便逐渐成为满汉共俗的传统节日。

满族同胞也会提前开始置办年货，在家里进行大扫除，在门口张贴对联、挂笺（亦称挂旗）、窗花和福字，还会蒸年糕、烙黏火勺。因为正月初一至初五这几天忌动刀剪，所以吉林地区满族同胞在除夕之前就提前备菜，如黏豆包、猪肉、饺子、豆面卷子等，然后放在缸里冷冻保管，以备食用。如今，黏豆包也逐渐被汉族接受，豆面卷子就是大家俗称的"驴打滚"。

朝鲜半岛在历史上引进了中国的阴历，中国的时间观念和岁时节气观念也成了朝鲜文化的一部分，因此他们的节日与汉族也基本相同，春节（岁首节）、正月十五、清明等基本对应。因此无论是在朝鲜半岛，还是在中国境内的朝鲜族同胞，都有过春节的习俗。而在几个同样过春节的民族当中，区别较大的当属蒙古族，首先就体现在名称上。自元朝起，蒙古族开始使用中原历算法，由此，蒙古族白月与汉族春节节期相合，明嘉靖年间形成了以农历春节为"查干萨日"的传统习俗。蒙古族查干萨日虽与汉族春节正月相符，却有着很多与汉族不同的习俗。2011年，春节（查干萨日）经国务院批准，被列入第三批国家级非物质文化遗产代表性项目名录。

有大年，就有小年。小年是大年的前奏，各具特色的小年习俗，在吉林也很丰富、有趣。

大部分民族的除夕之前，都有一个小年。对于小年具体时间的界定，南北方存在着差异。腊月二十三被北方人称为小年，而南方的小年则是腊月二十四这一天。而且东北汉族祖籍大多来自关内的山东、河北等北方地区，所以吉林人过年，一般从农历十二月（腊月）廿三起："二十三灶王爷上天、二十四写大字（对联）、二十五扫房土、二十六炖猪肉、二十七杀年鸡、二十八把面发、二十九贴倒酉、大年三十守一宿"，这辈辈相传的年俗顺口溜中，也包含着长白山厚重的年俗文化。

传统的朝鲜族新年，并不包括小年，既没有小年这一天大扫除的习俗，也没有在灶王爷嘴上抹饴糖使其在玉帝面前言好事的说法。贴年画的习俗，朝鲜族的做法与汉族相仿，朝鲜族的年画是特定的"十长生"，分别是山、水、石、云、太阳、松、不老草、龟、鹤、鹿10种象征长寿永恒的存在，以祈盼家人在新的一年里健康平安。而饮食部分，除了鱼肉等常规的年夜饭食材之外，还会准备大量的糯米以备制作打糕之需，以作主食。

蒙古族过春节也要"送旧"和"迎新"。所谓"送旧"，即腊月二十三内外清扫一新，到傍晚时要"火祭"。蒙古族同胞把羊胸脯肉连同白哈达、肉末粥、黄油、酒等物作为祭品，男前女后虔诚叩拜。再由长辈点燃九盏小灯。仪式开始后，将祭品投入火中，口诵赞词，祈祷家人幸福。祭火忌用红色筷子，而用白色或黑色。蒙古族认为火代表着一个家族的传宗接代、人丁兴旺。

每当大年，那顿年夜饭，别具特色，又使人深深难忘。极具民族风情的年夜饭究竟有哪些细节呢？

汉族人在除夕这一天的清晨，会在自家门口贴春联以传达辟邪除灾、迎祥纳福的美好愿望。长白山地区，在丰盛的年夜饭里，有几样食材是一定要有的。比如鸡，寓意着吉祥；鱼，代表着风调雨顺；丸子，取圆满之意；粉条，是水中取财的意思。既是品尝美食，也是对来年的祈福。

朝鲜族虽然没有贴春联的习惯，但也有全家老少聚在一起吃年夜饭的习俗。传统的朝鲜族年夜饭颇具民族特色，打糕是当之无愧的节日主打食品，吃着打糕，蘸着红豆粉或者蜂蜜，充分融合打糕的劲道、拌料的香甜，生活越发有滋有味。

以年糕和牛肉为主要食材的年糕汤，也是朝鲜族年夜饭必不可少的美食，长辈们往往会问孩子喝了几碗年糕汤，意思也就是问孩子几岁了，其中也有喝一碗年糕汤就长一岁的意味。

作为一个能歌善舞的民族，酒足饭饱之后，通宵达旦载歌载舞是除夕的必备节目，朝鲜族同胞们在悠扬的伽倻琴琴音和美妙的洞箫曲声中，迎来充满希望的新年。

玄冬

↑
写春联

↑
接福

    对蒙古族同胞来说，火祭仪式结束后，则是聚集在最年长者家中开始除夕"乃日"（宴会）。他们的年夜饭也很有讲究，除夕宴会上，应备办"三锅"：一锅是奶茶锅；二锅是羊背锅；三锅是肉汤饭盒锅。吃手把肉，包饺子，烙饼。这一顿饭要吃好喝好，酒肉剩得越多越好，象征新一年里酒肉不忌，吃穿不愁。还有用黄油、红糖、白面混合烙出的大圆饼，也叫"新年饼"，每人只许吃一口，寓意着全家永不分离，永久团圆，永远甜蜜。

    对于长白山里的汉族人来说，年夜饭并不是大年三十的最后一顿饭，子时的饺子也是重头戏。饺子，又名交子，是要在新旧两年的相交时刻享用的，既是对旧时光的回顾，也是对新时光的拥抱。因为饺子的意义非同寻常，所以基本把饺子做成元宝形。满族同胞团聚时也吃团圆饺子，俗称"揣元宝"。煮饺子时还有相应的仪式，半夜子时家家吃饺子，还要把几枚铜钱暗放饺子中，吃到者则"终岁大吉"。此外，他们把下饺子的过程赋予了特殊意义，比如把饺子从锅底浮起来比作日子起来了，此时家里的大家长就要吆喝："小日子起来了吗？"其他人就会齐声说："起来了！"一

053

洞见传承·人文吉林

↑ 满族民俗——玩嘎拉哈　　　　↑ 朝鲜族打打糕

问一答里，饱含了对来年的美好祝愿。

　　这种祝愿，渗进了更多的仪式感里，满族除夕夜还要分发"神纸"。其后，晚辈男子到族内各家"辞岁"。接神、辞岁要燃放鞭炮。除夕夜家家院内竖灯笼杆，高挑红灯，由除夕至初六，夜夜不熄。

　　年，最重要的体现就是辞旧、迎新，新年伊始的各族祝福是最具特色的年俗内涵。

　　过大年，长白山的汉族有自己的主色调——一定要红！红灯笼、红衣裳、红包……红色不仅代表着喜庆，还可以辟邪，寓意能出彩。太阳初升，日头冒红是新年的好彩头，代表着吉祥如意。蒙古族则相反，蒙古族称春节为"白月节"，因为他们崇尚白色，视白色为纯洁、吉祥、神圣的象征，他们也把白月节作为春天的开始，期盼大地万物复苏，牛羊肥壮。"查干萨日"一词就蕴含着吉利的开头和美好未来的意思。人们首先要祭拜敖包，再给老人行跪拜礼。拜年时，晚辈要衣帽端正，手捧哈达，老人用吉祥言语祝福这一年风调雨顺、吉祥如意。向家里老人行完礼后，才能外出拜年和迎接前来拜年者。

满族和汉族习俗相似，初一凌晨，家家户户鸣放鞭炮，辞旧迎新。在自家西墙祖宗板下摆设供品、燃香，叩拜祖宗，祈求神灵保佑全家大小在新的一年中平安无事，万事如意。大人还会让小孩爬到柜子上蹦三下，以示新日子"蹦个高"。

深受中原文化影响的朝鲜族，大年初一，头等大事自然也是祭祖。朝鲜族祭祖，既不去墓地，也不烧纸，而是在家摆桌祭祀，并且有严格的规定，"鱼东肉西""头东尾西""红东白西""生东熟西"，摆桌时忙而不乱，秩序分明。总体来说，虽然各民族的祭祖形式不尽相同，但是对先祖的敬意和缅怀之情却是共通的。

年的美食，叫"年嚼咕"，是人人企盼的"东西"。那些令味蕾投降的新年美食，深深地留在人的童年记忆里；长大了，再也没有那种味道了。

拜完先祖，朝鲜族的小辈可算盼到了他们最期待的时刻——给长辈拜年，这时刻，不但有压岁钱拿，还有平时吃不到的各种美食。给长辈拜年，也是很有讲究的，小辈要双膝下跪，叩首的同时说着吉祥话，再双手接过长辈的压岁钱。

拜过年之后，便开始新年的第一顿早饭。主食一般是大黄米饭或者打糕，菜肴则很丰盛，主要是牛肉、鸡肉、山菜、野味等。男性往往还会喝一种用桔梗、防风、山椒、肉桂等酿制的屠苏酒，寓意驱邪避难、延年益寿。

早饭过后，就到了朝鲜族的社交时刻，全家人要去给邻居和村中老人拜年。街上成群结队、你来我往，纷纷送上彼此的新年问候和诚挚的祝福，欢声笑语一片。

蒙古族的初一早晨，从晚辈要向长辈敬"辞岁酒"开始。敬酒时，男人双膝下跪，头往下低时双手上下摆动。长辈以吉祥言语作为回报。女子行礼时，身份不同还有不同的讲究，比如未婚女子与男人一起跪拜，而已婚女子则右膝下跪，右手在面额右侧上下摆动，而新媳妇还必须唱歌。

行礼后,便开始外出拜年和迎接前来拜年者。接下来人们骑马逐个串蒙古包。串包中,先要给长辈叩头祝愿,其后由主人家的女婿为客人敬酒,按习惯,此酒每敬必喝,这个豪放的民族,用热烈的方式表达此刻的欢愉,通常是载歌载舞,气氛热烈。

满族人的节日食品,既丰富又充满特色,他们喜欢喝用大黄米酿造的"米酒",客人来家拜年,喝的饮料则是用炒煳的大黄米、高粱米冲的"糊米茶"。黏豆包、黏火勺、沙琪玛、白肉血肠、豆面卷子、苏子叶饽饽、大黄米干饭、火锅等,很多都是如今东北菜的经典菜肴,像满族人的传统糕点———沙琪玛,用精粉、鸡蛋、糖、芝麻、青红和瓜仁等原料制作而成,色美、味香、可口,是人们喜爱的具有独特民族风味的节日佳品,也是风靡世界的零食。

年,还深深地存在于种种民俗游戏里,玩花牌、嘎拉哈,丰富多彩的游戏是"年"的配套"产品"。

除了美食和压岁钱,一年一度的假期,也是各族孩子们纵情欢乐的时刻。比如长白山的孩子们制作的冰灯,冰罩中跳动着火苗,一片晶莹透亮,亮亮堂堂地辞旧迎新。朝鲜族孩子们会聚在一起玩一种名为"花牌"的纸牌游戏,每张牌都代表着一个月份。无论在谁家玩花牌,主人都会热情地在一旁斟茶助兴。此外,还有一种广为流传的名为"掷柶戏"(又称"尤茨")的游戏。玩家间斗智斗勇,凭借自己对棋盘局势的掌控来决定行走路径,看哪一方的4根短木棒能以最短时间到达目的地,即为获胜方。

满族的男孩子成群结队鸣放烟花、鞭炮,玩耍木爬犁,溜冰;姑娘和少妇们则身着盛装,玩耍着一种用羊关节骨制成的玩具——嘎拉哈:通过抛、接、扔来改变嘎拉哈四个面的方向,以手翻动和抓取嘎啦哈的多少,同时接住下落的口袋为胜负标准。玩起来花样繁多,乐趣无穷。

满族的歌舞也是春节时期的重要内容。据《渤海国记》记载:"官民每岁时聚会作乐,先命善歌舞者数辈前行,士女相随,更相唱和,回旋婉转，号曰'踏锤'。"踏锤即踩高跷，沿袭至今，初一至初五，人们相聚一处，唱歌、跳舞、踩高跷，尽情娱乐。有的地方，年轻人还自发组织演出队，走村串屯进行表演，过大年的气氛更加浓郁。

到了十五，入夜时分，朝鲜族人会用木杆和松枝搭起望月架，由德高望重的朝鲜族老人登架探月，祈盼子孙儿女健康成长。接着由老人亲自点燃望月架，人们围着熊熊燃烧的望月架敲起长鼓，吹响洞箫，弹着伽倻琴，翩翩起舞祈祷新年。

蒙古族是能歌善舞的民族，更是少不了载歌载舞，充满浓郁民族风情的歌舞声传递着这个民族对来年的美好祝愿。

年到，年到，糕糖祭灶；姑娘要花，小子要炮；老头要顶大毡帽，老太太要块大黏糕！可是，长白山里的木帮过大年，怎么个过法？

说吉林，永远绕不开长白山，在日复一日的山林劳作中，一些明显带有长白山森林符号的习俗，也是吉林年俗独特的风采。

↑
好日子

↑
吉林过大年，孩子雪地点灯笼

因为冬天是伐木的最佳时期。木帮即使在大年三十，也不会停止劳动，所以他们的年夜饭，会提前到下午三点到五点开吃。这顿饭，也叫接神饭，吃饭时，院中要烧纸钱接财神。平时只吃些黄豆充饥的他们，这顿饭格外丰盛，毕竟辛劳了一整年的人们，要把全年的好收成都呈现于此，既是对自己的犒赏，也表达出人们盼望五谷丰登、年年有余的美好愿景。

吃完了年夜饭，依然要继续伐木，干到半夜，再回来吃饺子。半夜的这顿饺子，极为讲究，煮饺子时就要说吉利话：饺子飘上来，要说"升"了；饺子煮破了，要说"挣"了；装饺子的碗碎了，要说"岁岁平安"，这些自我暗示的祝愿，是木帮们支撑新的一年的动力。

饺子刚下锅，把头还会出去伐棵树，讲究一锯就倒；伐完树回到窝棚里，锅里的饺子还不能煳锅。辞旧迎新中，大树倒下，大家要喊"顺山倒"，寓意将上一年的吉祥、顺遂延至新的一年。

↑
饺子

玄冬

　　人人都盼着来吉林过大年，这里年味分外浓，而且，还可以看不冻江上漂河灯，你说奇不奇？

　　"顺山倒"的寓意，从长白山穿林而出，穿越冰封的松花江，在茫茫雪国纵横盘亘，一片欢声笑语鞭炮喧天中，悠长的年味一年又一年地延展，各民族的笑脸在闪回中，铺展成整个吉林新年该有的模样。这种黑土之上的独特年味，在中华大地的拜年声中，独特而响亮。如今，春节假期成了旅游的黄金周期，高铁在中华大地上奔腾，高速公路上车流如同涌动的血液，让这个年越发血脉偾张、活力四射。当很多城市的年味逐渐消散时，各地游客慕名涌来吉林，就为体验这别具特色的年味。看春节期间，吉林市永吉县伊勒门村的百家宴上，每家端来的一道菜都香气扑鼻；雾凇岛上，在一片雾气腾腾中欣赏千年非遗打铁花，满族特色三合院里、东北火炕上，整一顿满族火锅，上满族八大碗、小鸡榛蘑粉、年猪烩菜、御府椿鱼、阿玛尊肉，一道道东北"硬菜"，让客人尽情体会吉林人的实在和

↑
吉林省抚松县原乡客栈

热情；延吉市朝鲜族民俗园里，游客穿上朝鲜族妇女的节日盛装，在满眼朝鲜族风情场景中尽情打卡……吉林的年俗成了这方黑土地上的特色体验，不论来自哪里，不论哪个民族，有亲情的地方，就有年！

05

饕餮冬宴冰雪蕴
——各色冻品、斫冰烧酒、白肉血肠、乌拉满族火锅

小果盆中，一只冻梨"坐"在水中，已经"冷静"了十多分钟。小孩子时不时盯一盯，等着捏碎梨周围结出的那一圈冰包。小铁勺准备好了，瓷缸子准备好了，火炕够热了，只有再加上这一口冻果的甜蜜，这个冬天才过得完整。

冻鱼冻肉多拼几种，白肉血肠单放一盘，萝卜白菜盛进篮子，乌拉火锅热气腾腾，斫冰烧酒从小盅换大碗。冬日里，大人们聊起过去几个月的收获，频频举杯交箸，有时听到孩子咂摸嘴，也要多挖两勺冻梨，清甜的滋味瞬间解了腻味，下一轮菜肉又添上了……

当然，这些菜、肉、酒，无论怎么做，怎么上，都携带着独特的冰雪之味。

"馀奉使北辽,至松子岭,旧例互置酒三行,时方穷腊,坐上有北京压沙梨,冰冻不可食。"这条提及冻梨的讯息,来自北宋使臣庞元英所著的《文昌杂录》。怎么吃?辽国使臣有办法。文中记载:"接伴使耶律筠取冷水浸良久,冰皆外结,已而敲去,梨已融释。"千年前,辽国的契丹人就是如此食用冻梨,这项习俗延续到今天,依然深受人们喜爱。

九月末到十月初,南果梨、尖把梨、花盖梨等晚熟梨纷纷长成,被采摘成堆、精心储藏。等到进入冬季,气温骤减,经过零下50℃的一夜,梨子就自然冻上了。

吃冻梨要依循辽金古法,先放在冷水里"缓一缓",牙口够好就缓个几分钟,化到"五分熟",想吃个柔软,就多缓一段时间,化到"全熟"。等梨子解冻,将结在外层的冰壳敲碎,再小口咬开外皮,迅速嘬一口,冰甜的汁液马上滑进喉咙。有火炕的加温,拔凉口感很快转化为遍布周身的舒适浸润。通常在这时,冻梨的特别之处才能逐渐显现:内里洁白的无瑕晶莹与外表紫黑的其貌不扬,稠密的果肉与干脆的印象,熟果的温热与冻果的冰凉一律形成强烈对比。

除了冻梨,冻柿子、冻花红也很受欢迎。冻好的柿子像水晶宝盒,原本就柔软的果肉经此一冻,化成了一包浓浓的蜜汁。揭起深棕色的蒂盖,插入吸管直接喝,或等到"缓"透用勺子挖着吃,就像在抿冰激凌,惬意十分。冻花红,也叫冻海棠果,外形酷似苹果,但体型小得多,酸味浓重,冷冻后果肉依然坚实,香气馥郁。

在东北,天工造化,慷慨对水果进行"二次加工"。在吉林,久经考验、层层筛选得来的冻果流传千年,离不开人的智慧。某种意义上,它是人与自然携手共制的杰作。

一番寒彻骨,美味扑鼻香。低温保存水果,不仅可以减缓微生物繁殖,抑制一些酶的分解,减缓食物变质的速度,而且能够减少维生素的流失,不影响营养价值。过去,由于缺乏水果保鲜技术和运输、冷藏条件,冻梨、冻柿子几乎是普通人家冬天能吃到的仅有的水果。现在,生活条件

洞见传承·人文吉林

↑
冻梨

↑
东北黏豆包

优渥了许多，冬天也能吃到各类新鲜水果。但人们依然耐心期盼着，期盼着冬天的第一颗冻果，还有冻鱼、冻肉、冻黏豆包、冻豆腐、冻白菜等躺在农贸市场或是小区临近的露天市集的传统冻货……天寒地冻的室外如同一个巨大的冰箱，造就了以冻品为代表的冬季美食，给予吉林人的是独特而丰富的味蕾刺激，更是一种温暖而长久的乡情寄托。

有人问，冰雪有什么滋味？来到吉林，我们回答你，冰雪有独特的炽烈之味，那是神圣的气息。

如果你问一个吉林人：冰雪有滋味儿吗？得到的回答是肯定的，而且可能说法众多。倒转年轮，将这个问题再次提给深谙冻梨之道的辽国人，得到的回答可能出乎意料。

北宋至和二年（1055）冬，49岁的欧阳修出使辽国，专为祝贺耶律弘基登位，受到了辽道宗的热情接待。在次年初春回程途中，欧阳修写下了《奉使道中五言长韵》，记录了此行见闻。其中，"斫冰烧酒赤，冻脍缕霜红"的诗句，描述了辽国契丹人的饮食风俗。"冻脍缕霜红"指的是将冻肉切成薄片、细丝，颜色尚红。但这句"斫冰烧酒赤"一直令人费解。

冰块如何能烧酒呢？直到 2006 年，吉林省白城市大安市一带出土了成套的辽代烧酒锅具，这一谜底终于慢慢揭开。从这座酒厂遗址出土的窖藏钱币大多为辽国使用的北宋铜钱，这不仅将白酒的出现时间由辽金时期上推至辽代，还实证了中国白酒的本土起源历史。结合出土制酒文物和欧阳修的诗句，大安市酒厂设计了一套古法蒸馏设备，复刻了辽代烧酒技艺。2014 年，模拟实验成功，人们才真正通过这一杯斫冰烧酒与古人对话。

当我们遥望辽王朝时期，大安地区黑土地孕育的高粱、糜子、谷子足够食用之余的酿酒所用，加之吉林西部的洮儿河、嫩江的天然优质水源，入冬可取冰，建窖可储藏，由此盛产的斫冰烧酒，让在此举行的"春捺钵"格外热烈。

"斫冰"意为砍砸冰块准备烧酒，"烧酒"既可以作为动词解释，指点火蒸馏出酒，也可做名词注解，意为可以燃烧的酒，一语双关。"斫冰烧酒赤"，短短五个字，不仅形象描写了酿酒的场面，还点明了制冰加冰以烧制、蒸馏出酒的独特工艺。

烧火蒸馏、以冰降温、酒液赤烫……如今，遵循辽代"斫冰烧酒"的工艺流程，仍能出酒。游客观摩出酒全套流程，并饮用新酒，品尝炽烈之味，则成为吉林工业旅游的一大特色产品。

吉林的冬天，冰、雪，都带有本土之上的浓香之味，那是北土地域的"土味"。

说到底，热食暖身是冬天的刚需，与各色冻品的"小清新"和斫冰烧酒的"意绵长"相较，吉林人钟爱的大菜显得十分"硬核"。

白肉血肠就是其中的典型。

白肉血肠的关键在于"血"，豪横的那种。提到血，免不了想到祭祀。《说文解字》记："血，祭所荐牲血也。"在中国，"血"字也隐含着食用的意思。血与皿有天然的关联，置于器皿中的多为可食之物。白肉血肠

↑
白肉血肠

的制作就是从古代帝王及满族族长的祭祀仪式上演变而来的。《满洲祭神祭天典礼·仪注篇》完整记载了血肠的制作工序，其中所用猪肉叫作"福肉"，后改称"白肉"。

宰猪时，用大盆装盐水接血，搅拌血液，使其不凝固，拌上剁碎的猪肉、猪油和葱末、盐、姜粉、胡椒粉等调料后灌肠，扎紧捆实，放入锅中煮制即成。切片要趁热食用，或做酸菜时将白肉血肠同时放入，酸味激出血肠的浓香，又使口感油而不腻，营养价值很高。制作血肠的整个过程需要许多人共同参与，互帮互助，是家庭与社会关系的一种体现。正因融合了游牧文化和农耕文化的饮食精髓，含有团结与祝福寓意，制作方法又相对简明，使得这道美食能够从清朝宫廷传入民间，在世世代代满族人的冬日生活里扎下根，成为吉林人年节宴席中必不可少的菜肴。

同样是满族饮食的经典之作，同样是皇家推崇，同样是浓香万分，乌拉满族火锅走的则是"自下而上"的路径。清朝，民间流行火锅主要集中在江城吉林，满语"乌拉"意为"江"，可见其地域特色。火锅形式十分简单，取用喜欢的菜、肉，烧热锅中汤水，涮熟即食，省时省力，口味丰富，最适合人们冷天取暖。清朝中叶，满族火锅得到皇家推崇，由寻常百姓家的粗简吃法，演化为贵族式的烹制手法。火锅由铁或铜制成，下部较窄，底座呈大碗反扣状，中间开一门洞，内置木炭加热。上半部较宽部分专供盛食物所用，呈环状，中间有烟囱与下部的炭火灶相通。现吃现涮，不必担心食材冷掉，热气腾腾最能放松心神，乾隆皇帝就出了名地"喜食火锅"，巡幸吉林或是"南巡"，都要带上火锅，就连宴请他国使臣或举办本国大宴"满汉全席"也要首推火锅。

传统的乌拉满族火锅有"前飞后走，左鱼右虾，转圈撒葱花"的说法。"前飞"指的是飞禽，"后走"指的是走兽，以鸡汤作基础，加入人参、天麻等地道山货以及枸杞、红枣、桂圆、山楂、冬虫夏草、麦冬、当归等名贵中药材，长时间精心熬制而成汤底。其中，肉类有猪、鱼等野味，菜品有榛蘑、金针菜等山珍，配料有蛎黄、大虾等海鲜。蘸料则随人们的口味和生活条件而不断变化，从最传统的芝麻酱一直扩散至腐乳、卤虾酱、香油、韭菜花、辣椒油等。

总之是天上飞的、地上走的、海里游的，无一不包，汤厚肉嫩，一口入魂，其鲜味可想而知！有诗为证："比邻春酒喜相对，薄肉酸菜火一锅，海菌千茎龙五爪，何家风味比人多！"

现在，乌拉满族火锅的用料常常超出食客想象，又不至令人意外，因其将现代吉林的物产丰盈、仪式周全纳入一锅之中，汇于一汤之味。冬季来吉林，赏雾凇奇观美景，品乌拉满族火锅，是为"一观一品"，已经是吉林本地居民和游客共享的冬日饮食习俗。

有些食物只有冬天才能造就，有些滋味只有寒天最见分寸。食在冬日，食在吉林，是四时集纳的浪漫，也是四方融汇的豪迈。从辽金到今天，千余年，悠长如是。

取暖神器有源头
——东北火炕

　　吉林的冬天格外寒冷，一张神奇的大铺火炕，就是吉林人家冬日里的最爱。火炕，也叫"东北炕""大炕"，是东北一带的取暖设备。追本溯源，火炕的使用早在2000多年前就开始了，在咸阳宫、长安城的遗址中都发现了火墙结构，《旧唐书》中记载道："婺民盛君多，冬月皆作长炕，下燃温火以取暖。"明代诗人童冀有"燕城居人十万家，家家烧煤胜烧炭。土炕潜阳九地回，寒谷凝阴一时散"的诗句。可见，先民们在长期的生产生活中探索创造出来的这一"取暖神器"，跨过两千年漫长而又寒冷的冬季，成了不可替代的温热起源。

　　东北炕的种类有很多，包括南炕、北炕、西炕、条炕、腰炕、镰刀炕、半截炕、连二炕、顺山炕、小炕、地炕和对面炕等。早年的火炕是用土坯搭建的。土坯是自制的，把黄泥和干草搅拌过后，再经过坯模—定形—晾干后，一块块垒上，外观看上去像个土台子，火炕边上安有炕沿，大多用长条的木板制成，厚约一寸，宽约三寸。炕上还会铺炕席，炕席一般都是用芦苇或高粱秸秆手工编织而成的，长年累月用下来，呈现出一种油亮的深黄色。炕上一般都摆着炕琴，炕琴分为上下两层，上层放

玄冬

被褥枕头等寝具卧具，下层则装日常衣物或者零食水果。炕里还有通往外屋的锅灶和烟囱，与外屋地上的大灶台相连。一烧火做饭，热气就会在炕内流动、发散，不一会儿，炕就热了。

火炕和床的外形相似，但比床的面积大得多，一般可以睡七八个人。一个大铺火炕，就是吉林人家的衣食住行，在炕上小桌吃饭、睡觉、娱乐、宴请，不管外头是冰天雪地还是冷风朔气，人只要躺在炕上，就好像回到了母亲的怀抱，温热自丹田由下自上，传至全身，瞬间便有种任督二脉被打通的感觉。偶尔来了亲戚邻居，主人家便赶紧招呼"上炕暖和暖和"，这是吉林亲切的乡音，再沏上一壶热茶，这便是顶好的待客方式了。等到了饭点，灶门中的柴火烧得

↑ 吉林雾凇岛民俗展厅

↑ 东北铁锅

↑ 满族民居

067

洞见传承·人文吉林

↑
火炕

↑
满族炕琴柜

　　正旺，灶台上的锅里也渐渐飘出饭菜香，放上炕桌儿，摆上酒菜，男人们围着炕桌划拳喝酒，女人们则坐在炕头，一边招呼吃饭一边张家长李家短地唠着嗑儿，活泼好动的小孩儿在外头玩够了、冻透了，就跑回屋中趴在炕头上焐上一阵，暖和过来了再迫不及待地窜出去。等到天都黑透了，钻进火炕上热乎乎的被窝儿里，平时积累起来的腰酸腿疼便会消失。燃烧了一年以上的火炕，取出它的灶心土和烟灰，还是两味中药，学名叫伏龙肝和百草霜，可以治病救人。无怪乎"三十亩地一头牛，老婆孩子热炕头"会成为老辈人"向往的生活"。

　　除了火炕之外，如何在天寒地冻的日子里让温热不再流失，吉林人也有着自己的小妙招。在入冬前，家家户户都会在窗外糊上白纸，再用弓形木条钉在窗上蒙上塑料布。这样一来，不仅避免了窗外冰霜遇热融化，打湿窗纸，还可以让室内温度长期保持在20℃以上。这也就是东北三大怪的"窗户纸糊在外"。

玄冬

提起"东北三大怪",还有两怪也与火炕有着千丝万缕的联系。

据《关东旧风俗》记载,早期满族人四处游猎尚未定居时,因山林中毒蛇野兽出没,把不会走路的小孩放在地上不安全,于是他们就想出了"吊起来养"的办法。用兽皮制成兜状的吊袋,两端挂在林中大树上,后来又逐渐演变成悬吊在炕上的摇车(又叫悠车子)。婴儿出生的第7天,叫"上车日",就是把婴儿抱到摇车里。

摇车一般都用木薄板制成,两端呈半圆形,如同小船,然后悬挂在房梁上的"子孙椽子"上。车身沿边漆以红色绘制花纹,刻着"长命百岁""龙飞凤舞"等吉利话,花样繁多,十分美观。在晃动摇车时,为了使婴儿保持平直和避免翻身时掉下来,还会用布带把婴儿的胳膊肘、膝盖和脚脖子绑在车上。据说"绑着"长大的孩子以后拉弓有力,更为骁勇善战。因满族以后脑勺扁平为美,所以又会在婴儿的身下垫上装满谷糠的口袋和装满小米、高粱米的枕头,这样既利水又去火,婴儿睡着舒服又少生病。

这项神奇的习俗已经传承了上千年,起初盛行于东北的满族聚居地,1644年清军入关后,又被入关的满族人带到了关内,很多人也效仿着在炕上放置吊床,让孩子睡在里面。这样,妈妈们无论是边晃动摇车边做着针线活儿,还是走开去干农活儿,都可以做到两不耽误。

吉林人家的炕上,除了摇车,还经常放着几个笸箩。有些是放着针头线脑,有些则是装着旱烟。抽烟和做针线活儿一样,是大姑娘小媳妇生活中必不可少的两件事。古时候,吉林以农牧生产业为主,男女老少都要上山打猎、下水捕鱼,除了要警惕在森林中经常出没的蟒蛇,还得对付田野上来回飞蹿的蚊虫,所幸它们都害怕烟和烟袋油子味儿,因此抽烟驱虫,

← 烟袋

就成了他们最原始也最管用的自卫方法。

旱烟的"烟袋锅儿"以铜制的为主,"烟袋杆儿"铜木都有,"烟袋嘴儿"则五花八门,有铜制的、玉石的、玛瑙的。客人来串门,主人做的第一件事就是把客人推到炕头上坐,然后给你装上一袋烟,送到你的嘴边,你抽他也抽,边抽边唠嗑儿,吞云吐雾,好不快活。

在满族,姑娘出嫁时,一杆精致的旱烟袋是必不可少的嫁妆。儿媳白天伺候公婆,晚上回自己房间休息之前,要给公婆装一袋烟并点着后才走。第二天早上在给公婆"请安"时,第一件事也是装烟和点烟。直至现在,在农村婚礼上,还有一项"装烟礼",新娘子在拜完天地、拜见婆家亲友长辈时,要为其点上一支烟,受烟的长辈还要给一定的"装烟钱"作为见面礼。这就是东北三大怪的最后一怪"姑娘叼着旱烟袋"。

虽说随着时代的发展,现在这几"怪"已经逐渐淡出了人们的生活,讲起来是故事,听起来是笑话,想起来是回忆。昔日的"火炕占了半间房",也全都变成了红砖铁皮瓦,砖院套铁大门。但在吉林人的心里,火炕伴随着他们出生、长大、结婚、生子、老去,是情感上和生活中不能割舍的记忆。一块块土坯,垒起了岁月的繁衍生息,一半烟火悠悠,一半乡情浓浓。

山高水远　吉如风
——爬犁、渔猎运输、冰上运动

出一个谜语,"前后没轱辘,满地乱出溜"。在东北长大的朋友不会陌生。

再具象一些,"似车无轮,似榻无足"。熟悉北国冰雪的"玩票"们已经跃跃欲试。

给一个时间,"十一月,大冷天"。话到此时,想必有朋友已经能接上后一句——

"跑爬犁,雪炮烟"。没错,以上所说都指向一处:爬犁。

漫漫寒天,爬犁曾是东北地区踏雪过路的主要工具。莽莽长白,爬犁之于吉林,是载满狩猎渔猎农耕历史记忆的珍宝,穿越千年时光仍在人们冬日生活中创造着美好。乘着一只爬犁,打一打出溜滑,遇见吉林的欢乐时光。

东北的爬犁是名副其实的"陆地之舟"。

山峦险峻,逶迤万里,从长白山到大小兴安岭,夏有无边绿意,冬赏雪原林海。生于斯长于斯的满族先民,世代奔波渔猎,于这白山黑水之间养成了颇具特色的行旅习俗。比如,冰天雪地也不怕,狗拉爬犁过得去。

用狗拉爬犁是何时出现的？很难考证，可以肯定的是，历史达上千年之久。

在牡丹江地区的莺歌岭肃慎人遗址中，发掘出了土陶狗，这说明早在商周时期，距今三千年前，满族先民肃慎人就在养狗驯狗。满语中，称狗为"音达浑"，狗拉雪橇称为"音达浑包衣色珍"或"乌得气"，这就是最早的狗车，长一丈，宽二尺有余，当年在北方民族中使用十分普遍。

狗对于满族人的生产生活很重要，驯狗主要用于狩猎，这是满族先民的重要发明之一。带狗拉橇、打猎、捕鱼，是这个充满智慧的民族冬季滑雪行猎的标配，至今仍存在于吉林部分地区。

由狗车、雪橇过渡而来，爬犁是满族人与其他北方民族为适应冬季漫长、雪多冰厚的环境所创造出的出行工具。"爬犁"之名从何而来？这种工具没有"轮子"却能滑动，远观像在雪地上"爬"，外形有些像耕田用的"犁杖"，可能也有借鉴之意。似爬其实飞速，似犁其实有箱，一"爬"一"犁"是形象又准确的界定。满语称爬犁为"法喇"，由于时代和地域

↑
狗拉爬犁

玄冬

↓ 松花江系列——千里冰封

↑ 马拉爬犁

↑ 雪橇犬

的差异，还予其"爬喇""扒犁""站车""拖床""冰床""雪车"等诸多称谓。

《元史》记载，元朝廷在东北女真人聚居地区设驿路，冬季有大量狗车往来运输，沿途所设驿站称为"狗站"。每一狗站有20户站民，养狗200只，狗车（爬犁）40辆左右。在当年的黄龙府（今吉林省农安县）以北，这样的狗站有数十所，可见当时驿路沟通南北之繁华。

据史载，狗车形状像船，需要数十只狗拖拽。在整个冬天，这条狗拉爬犁交通线川流不息，负担着过往官差、军伍、客旅的食宿和运送，也曾在漫长的历史时期中载着各族移民、探险家前来，传递东方古老文明的声音。

狗拉爬犁还带动了"狗市"的出现，专门用于交换"爬犁狗"，领头的狗价格最高。《吉林乡土志》载："清初，有所谓使犬部者。如今临江等处，每于江上结冰，用狗扒犁。俄境亦有之，其狗皆肥壮而驯，一扒犁以数狗驾之，而头狗价最昂，俄人购者往往一狗值五百羌洋也。"

一群狗儿在雪原上疾奔，身上热气蒸腾，主人响鞭高扬，树上的雾凇霜花应声炸开，不远处的前方就是狩猎的目标，爬犁如同陆上之舟开出一条清晰的道儿来，在一望无垠的雪野，疾驰而去……这是多么壮阔的情景，多么豪迈的民俗！

随着爬犁在吉林一带生活的满族乃至各族人中推广开来，身强体壮的马或牛也加入了进来，还有的地区用鹿或四不像等动物来拉。爬犁不仅用于狩猎和传递信息，还用于人们运柴、拉粮食，或是跑长途接送客人。爬犁的式样随着用途的增加也多有延展，出现了大、中、小爬犁以及暖爬犁等各种类型。

清乾隆皇帝东巡吉林时见到爬犁也觉十分新奇，还即兴赋诗一首《法喇》，在跋语中写道："法喇，汉语为扒梨，即拖床也。（其）似榻无足，似车无轮，以牛马挽行，冰雪中可以致远。"诗中云："似榻似车行以便，曰冰曰雪用皆宜。"

在乾隆所作的《盛京土风杂咏十二首》《吉林土风杂咏十二首》两组诗中也多有对爬犁的描述。如"架木施箱质莫过，致遥引重利人多。冰天自喜行行坦，雪岭何愁岳岳峨"。可见，从皇室到百姓对爬犁皆十分喜爱。

爬犁的制作是本地人的独特手艺和功夫。

在一年至少有1/3时间处于冰雪期的东北，爬犁是重要的狩猎和代步工具。最初，猎人们思考着如何将猎物运下山、运出森林或湖泊，便就近取材，用一条树枝平放于雪地，将猎物放置其上，拖拽下山。经年累月，一条树枝改为两条或多条，放置猎物更平稳，载重量也更大，这就是爬犁的前身。

爬犁制作并不复杂。吉林有大片原始森林，榆木或柞木等既结实又有韧性的木头，是制作爬犁辕及底的好材料。选用两根碗口粗、一丈多长的木头，用蒿草火或炭火将前端烘烤致其弯曲如弓形，向上翘起做成辕子，拴挂上辕缰绳。两根辕木后侧，各插两根二尺高的小立柱，各顺穿一根横木，其上再穿以木杆或铺上木板，制成爬犁棚（木架板箱），可以坐人或装货。

在制作过程中，有两道工序最为关键。一是爬犁搣弯，需在爬犁棚前部约10厘米处用锛子将其刨下一小半，这样可以保证弯曲部分既能翘起，又不会使爬犁杆失去韧性。另外，制作跑长途的重载爬犁，要用粗木凿铆，以榫对准铆后，用水泡浸。木头一涨比钉子钉的还要结实。二是扎角，指在爬犁腿和爬犁棚之间要有个角度，保证立柱有10度以内的斜度，这可以使爬犁腿在雪面上接触雪面小，滑行速度更快，延长爬犁使用寿命。如果要在山坡陡处用爬犁，则可以在爬犁腿上套一铁环，或套上树绕子拧成的圈，用以防滑，不致跑坡。

爬犁整体形如滑雪板，上翘的辕头可以减少阻力，遇到沟沟坎坎能顺利通过，铺平的木条粗细不等，有一定的承重量，贴地的一面砍削得足够光滑，在冰雪路上行驶，不用大力牵引就能行走如飞。

满族的爬犁按用途分为狩猎、载人、拉货这几种，按牵引力分为狗拉、马拉、牛拉等。无论哪种，在冰天雪地一天跑个二三百里基本没问题。

狩猎的爬犁多为狗拉，行动方便，腾挪灵活。载人的爬犁，细端详能看得出主人的身份地位。若是赶车的人蒙个大被子跑远道一定是穷苦人家。若是赶车的老板裹着厚墩墩的大皮袄，头戴毛茸茸的大皮帽子，脚蹬灌满靰鞡草的大皮靴，一定家底还算厚实。若是在爬犁上搭了车棚子，左右和前面都蒙着鹿皮或狍皮，棚子后面所设的小门也捂了个严严实实，多是豪门富户，坐在里面的人穿得暖和，还多半备有皮套袖，身边有火盆、脚炉等，这种爬犁可抵风雨，适合过夜跑长途，人称"暖爬犁"。清代诗人黄兆枚就曾赋诗叹道："好把耙犁当传轺，泥行真比似箕橇。关河风雪棚围暖，快马冰河路一条。"

用于拉货的爬犁，形状和样式与载人爬犁看似无二，只是所用的木料更加粗大，一般用牛拉。一辆爬犁大约可装载几百斤，有时需拉上千斤的大木、粮食或山货，得套上三四头壮牛才拉得动。人称"疙瘩套"。

要是不专用于某种用途，只为运些柴火、牛粪等燃料之类，或是自家接送客人，人架爬犁也很方便。还有一种爬犁专给小孩子玩，形状小，比较矮。孩子们拖着这种小爬犁，爬上高坡，盘腿坐在上面，出溜一下就滑出一条上百米远的雪道，咯咯的笑声跟着滑了一路，久久回荡在雪原上。还有的能在冬天的冰河之上，张开一支布帆，靠风力推动，就能行如游船。

即使在铁路、公路运输发达的今天，爬犁仍以其敏捷、制造维修容易等特点继续存在，是人们冬季游玩的热门选择。

爬犁的故事讲不完，因为老客与水院子都是故事的源头。

爬犁项目和与爬犁伴生的冰上游戏是吉林地区冰雪文化的特色之一，雪爬犁凝结的民俗，也有不少成为一个时代的记忆，见证着吉林走过的发展历程。

清朝时期的松花江吉林段，是重要的交通枢纽、运输要冲，战略地位险要，人车络绎不绝。吉林丰满大坝建成前，松花江一入冬就结冰，厚达70厘米，封江之时，滔滔大江几天内就变成通途大道，宽阔平坦，光如镜面，正是雪爬犁大展身手的地方。

↑
水院子

　　此时，江面上便有了昼夜奔忙的各路人马，有的是来运人参、鹿茸的"参把头""药把头"，有的是寻兽皮、黄烟的"山西老客"，还有从黑龙江、辽宁或是吉林城郊十里八村如蛟河、桦甸、磐石、永吉、舒兰等地蜂拥而至的生意人。等这些人回程时，江面又到处都是满载鱼货、冬蘑、布、糖、盐、农具等琳琅货品的马爬犁或牛爬犁，成就了吉林城农副产品及日常用品集散地的地位。

　　松花江上跑爬犁拉脚的车老板们，有一套不成文的行规：来往于封冻的松花江上，须按上下道而行，不能乱跑。如果中途休息，就要拐出正道，避免影响别的车老板"赶道"。今天看来，当年的松花江吉林段颇像"高速公路"。那么，爬犁的休息站在那时是怎样的呢？这就要说到吉林城的又一发明：冰上客栈——"水院子"。

　　清朝以来，每到腊月，吉林城沿江一带，爬犁成群，人头攒动，一派喧嚣繁忙。车老板们为了尽可能节省时间，又能及时休整，在到达目的地前不上岸不进城，就在水院子喂马、就餐。

水院子设于封冻的松花江岸边。聪明的吉林人在厚厚的冰上凿出窟窿插上木板或木杆围圈，搭起棚屋，为了多停放爬犁和马，围的圈都比较大。院落进出有两个大门，爬犁不用卸就可停靠，配有拴牲口的柱子和喂料添水的马槽子，风灯整宿不灭。院内盖有简易实用的大车店，方便住宿，专门接待南来北往的贩货"老客"和赶爬犁"拉脚"的"车把式"们。

清光绪十七年（1891）《吉林通志》记载：

"十一月江冰，沿江旅店因岸为屋，凿冰立栅以集行人，市售獐狍鹿豕雉鱼之属，居人购作度岁之馐，并为馈礼。"

水院子经营也很人性化，有用木板间隔出的两三个人住的小间，也有十几个人或几十个人住的大通铺。所备伙食，既有单点单吃的"小灶"，

↑ 冰上驾车

↑ 冰雪浪漫滑

庆岭活鱼、三杖饼等延续至今的美食都是"大车店时代"的产物；也有大锅饭，高粱米小豆饭、苞米面、杂合面大饼子，管饱。"水院子"周边还有各种配套生活服务，有为马挂马掌的小铁匠铺；有卖鞭杆、鞭鞘、缰绳、马嚼子、锅碗瓢盆等物的杂货铺；有卖牛皮靰鞡鞋、皮手闷子、棉帽子的摊位；还有卖豆浆、油条、沙琪玛、黏食和饽饽糕点的小贩；等等。

临近年根的那个月，水院子更是车马喧腾，大车店老板更卖力地忙活着，冰道旁几乎繁如市集，红红火火一片。正如清代诗人沈兆禔诗中所云："凫雉獐狍朝列市，居人争购度新年。"

1943年丰满大坝建成后，松花江吉林段江水终年不冻，成为隆冬奇观。不过，服务爬犁和"车把式"的江上水院子就不复存在了。

在久远的岁月过往中，爬犁这种独特的"冰雪健儿"渐渐由渔猎运输过渡到冰上运动，并且成为独特的项目。

↑
冰上的快乐

大雪漫天，穿戴整齐，在冰上跑一跑爬犁，依然刻在吉林人的基因里。在吉林的许多景点，还有专门拉爬犁的工具和场地，吸引着各地游客在冰面上尽情玩耍，体验冬趣。

冬日的吉林，无须犹豫选哪个冰场，结了厚冰的河面、江道都是冬嬉的舞台。除了爬犁，人们还可以选择由满族"乌拉滑子"（即"冰鞋"）演变而来的滑冰运动，也能感受从满族渔猎生活中诞生的八尺长大滑板。女孩们可以试一试曾为满族妇女所喜爱的"雪地走"，翩然竞走于冰上。

很多吉林人还记得小时候自制"爬犁"的乐趣。在什么装备也没有的情况下，随手找个破轮胎、桶盖子、硬纸壳，或是一条宽宽的木板子往地上一放，呲溜一下滑出去，玩几个来回，都能乐呵半天。再比如，两把废菜刀加一个椅子板就是"爬犁"，带来的欢乐不输如今做工精细的冰橇。

有些地区，滑雪是中考科目。有些学校，为滑冰专门办个比赛。还有冰上划龙舟，冰上玩"单腿驴"赛平衡，再或者为了打出溜滑在家门口做了一架"冰滑梯"……这些在吉林都不为怪。

大雪封江凛冽冬，爬犁三套可追风。

也许，今日的爬犁速度不比高科技含量高的雪车，但它所承载的狩猎时代的人类智慧依然启迪今人，它饱含的创造力依然为现代人所惊叹。

08

星程尽头索乌拉
——船厂

  一颗47亿年的行星熟了，在茫茫星海里自我放逐。它的位置，原本位于火星和木星之间，但宇宙的天体运动，使得它化作一阵斑驳的流星雨洒满天空，尘埃四散，光影彤彤，驶进宇宙时空隧道。经过800万年的漫长征程，掠过无数星辰的诞生与陨落，裹挟宇宙之风与尘埃，直奔太阳系一颗蓝色星球而来。灼出一道道瑰丽的弹道，化作地球上最大一场陨石雨从天而降，天地为之颤抖。

  那一天，中国吉林省吉林市郊区，老农亢永春的庄稼地里腾起一阵蘑菇状烟尘，天外之物砸穿冻土层，形成一个6.5米深、直径2米的坑。陨石呈棕黑色，上有气印。一号陨石溅起的碎土块最远达150米，造成的震动相当于1.7级地震。

  据天文学家测算，这场1976年降落在中国吉林的陨石雨，雨区降落的范围东西长72公里，南北宽8.5公里，总面积近500平方公里。当时共收集到较大陨石138块，总重2616公斤，其中最大块重1770公斤，是世界最大的石陨石。吉林陨石，就其数量、重量、散落范围以及科技含量举世罕见。

↑
清代船厂模型

　　同样不可思议的是，在这个区域内，居住着上万户人家，而且坠落时是在人畜繁忙的白天，据说最近的陨石距离村庄只有十几米，竟然没有造成一人一畜的伤亡、一座建筑物的损坏，实在称得上是奇迹。

　　不远亿万里的星际征程，专为此地而来，吉林，成了真正的天选之地！目击"吉林一号"陨石的亢永春老人，也以105岁的高寿在当地被传为佳话。

　　看中这块宝地的，其实早有其人。

　　600多年前的明朝永乐年间，2000公里外的南京城里，明成祖朱棣遥望北方，当时的大明王朝，建立已40多年，经三朝耕耘，国力强劲，威镇寰宇，尤其是郑和宝船所到之处，周边国家部族进京朝拜称臣的首领使臣不可胜数。只有远在奴儿干地区的部落，始终未见其影。据传那里路途凶险，人悍好斗，并且民族众多，各有经略。

　　但气吞万里的朱棣大帝，同样具有俯视寰宇的超人视角，为了这一天，他已经筹谋了十多年，选择一个合适的地点，选择一个合适的人选，造船、运粮，打通一条通往黑龙江以北的重要枢纽。下北洋，经略东北亚，柔化斯民，宣示国威。

他选中的地点，正是这里。

辽东都司指挥使、骠骑将军刘清奉命率军，沿着松花江一路探访，找到这里时，一如2000多年前，解慕漱在此创建扶余国时一样，满眼所见，是一片山清水秀，水草丰茂，嘉禾田田，牛羊群群。一条滔滔松花江，经此汇入黑龙江，并最终到达出海口。

松花江在这里打了一个优美的八卦湾，囤出一段高水位，正适合行巨船；这里还盛产红松，是放排的北流水所在，优质的巨木顺江而下，正好汇集到这里，无缝对接转入船舶生产。尤为难得的是，八卦状的松花江最湍急处，还有一个平缓的南北坡，适合施工造舰、停泊巨船。

阿什哈达摩崖刻石，确凿地记录了这一历史：明朝辽东都司都指挥使刘清于永乐十八年（1420）、洪熙元年（1425）、宣德七年（1432）三次率军至此，造船运粮，两修龙王庙。

吉林船厂，远仰长白，近绕松花，坚船利舰的巨舵交到了另一个人手上，他就是有"北方郑和"之称的亦失哈。年仅30多岁的亦失哈没有辜负信任，他率领船队经此出发，顺松花江流而下，直抵黑龙江出海口，远达库页岛，终到北海道，在特林地区组建了历史上中国政府最东边的管理机构——奴儿干都司，并勒碑刻铭。

亦失哈毕生十下奴儿干都司，同时也开辟了中国以松花江为主的东北亚水上丝绸之路，而这里，也成为东北亚丝绸之路的重要支撑点。

历史选择了这里，并且要一直偏爱下去。到了清朝，这里更是坐镇满族发祥地的至高之所在，"小山胜丘壑，远与长白通"，小白山成为遥祭长白山神的小圣山。

清顺治十八年（1661），吉林水师营正式走进历史舞台，清康熙十年（1671），宁古塔副都统安珠瑚奉旨选址修建吉林城，吉林乌拉城逐渐雄踞松花江北岸。宁古塔将军巴海此后移驻新城，依江而居，督修造船，日

洞见传承·人文吉林

↑
康熙东巡

↑
吉林船厂

习水战，以备抗俄。吉林乌拉成为当时东北三大军事重镇之一，也是东北造船业的中心，黑龙江、松花江上的战船和运输船均由此监造。

清康熙二十四年（1685），清廷与沙俄的最终对决开始了，吉林水师作为水师劲旅直接参战，吉林船厂所造大小船舰装运水师溯江扬帆而上，水陆并进，攻破雅克萨城。吉林水师及战舰在自卫反击战中立下汗马功劳。

"乘流直下蛟龙惊，连樯接舰屯江城，貔貅健甲皆锐精，旌旄映水翻朱缨"，这首诗是康熙皇帝东巡检阅吉林水师营时所赋，足见当时水师营军容之雄壮。据史料的记载，屯戍吉林的水师营，辖官地2226垧，吉林船厂与水师营的发展，带动了当时吉林工农业生产的发展和商贸业的繁荣。自今临江门至吉林市政府门前，形成了连樯接舰的军港与三座繁华的商贸码头，不但成为当时东北地区的军事重镇，也成为连接内地与边疆的重要纽带，真可谓"可远迎长白，近绕松江，扼三省之要冲，为两京之屏障"。

星辰尽头，是船厂，也是吉林的起源。有了船厂，有了水师营，有了北国江城吉林市，再有了长白圣地吉林省。历史已逝，星程已止，停止了800万年的漫长旅程，如今的"吉林一号"，已在吉林市博物馆的橱窗里，在声光电的加持下，述说它告别星光烂漫、脱离浩瀚宇宙的一路历程；吉林明清船厂遗址陈列馆里，展陈的资料讲述着600年间，从一个船厂到一座城市，再到一个省份的发展历程。

如今，已经发展为近400万人口城市的吉林市，还有一个区以"船营"为名，似在回探那段峥嵘历史的脉脉余温。当你站在松花江丰满大坝之上，俯视滚滚江流滔滔直下时，或可以遥想当年曾战船林立，巨鼓雷鸣，将士、巨炮、粮草、丝绸经此上下，通江达海，威震北国，经济北洋。那开疆拓土的勇武、伐木造船的坚忍、寸土必争的忠贞、手足相亲的赤诚……一个民族的每一寸家底，都是这样积攒而来的，并不亚于一场宇宙征程。

陨石在这里坠落，吉林在这里缘起，木排在这里上岸，巨船从这里出行，京剧在这里崛起，雾凇在这里惊世……既然是宇宙的选择、历史的选择，我们的吉林文旅之行，自然也选择从这里出发。

09

万物有灵通天雪
——萨满文化

羽翎、皮鼓、遮面、仰天、歌啸。

萨满摇动羊皮鼓，随着鼓的节奏起舞，铜镜和铜铃相互碰撞，发出清脆破裂的声音。他呢喃着咒语，目或瞠或闭，身摇摇如欲倾，突然，神色一变，几近昏迷。这时，十分熟悉这一仪式的老辈人就知道，先祖，附体了，先祖附体，是给族人、儿孙以力量。

对大多数没有见过这种仪式的人来说，这一幕可能充满了神秘与未知的色彩。但在这片白山黑水之间，它的出现可以追溯到距今一万余年的原始母系氏族社会繁荣时期，它是现存最古老的宗教之一。

这，就是萨满文化。

萨满一词，源自通古斯语中的saman，按字面意思理解就是"知晓"，意谓一种获得知识的方式。作为一种泛灵论信仰，在各种外来宗教先后传入之前，萨满教几乎独占了东亚、北亚地区各民族的古老祭坛和人们的心灵。与西方的一神信仰不同，萨满教相信万物有灵，相信天地宇宙、日月星辰，相信风雨雷电，莺飞草长。在万物有灵的信仰体系中，认为世界分为三层，天堂为上界，诸神所居；地面为中层，人类所居；地狱为下界，鬼魔所居。

　　大约在 40 年前，一群科学家在瑞典发现了一座古城，他们在丧葬区找到了一位女性的遗骸。她盘腿坐在鹿角上，手中紧握着柱形物品，衣着完好，服饰华丽，历经千年也并未腐烂。在经过一系列的复原之后，这位生活在 7000 余年前的女性终于再次现出真容。她是一位身高约 1.5 米的亚洲人，皮肤略黑，肩披由羽毛制作而成的短披风，身上绘有五彩斑斓的图案，一头乌黑发亮的头发被编成几股扎在脑后，双手置于胸前，双目坚定有力，直视前方。从丰富的陪葬品来看，生前的她无疑在族群中占据着重要的地位。

　　这，是一位女萨满。

　　萨满，又被称为神与人之间的中介者。他们在灵魂和现实的世界中自由遨游，将人的祈求传达给神，又带回神的意志。长此以往，因为怕被神灵认出，萨满在祭祀时通常要戴上面具，并用神帽上的彩穗遮脸，如此一

↑
长白山讷殷古城室内萨满教展厅

来，就更为他们增添了一层迷幻的色彩。

提起萨满，中国最早的记载可以追溯到西汉时期，那位伟大的历史学者司马迁，就已经着重介绍过匈奴人的萨满祭祀过程。到了南宋时期，历史学家徐梦莘在《三朝北盟会编》中写到"兀室奸猾而有才，自制女真文字、法律，成其一国，国人号为珊蛮。珊蛮者，女真语巫妪也，以其通变如神，粘罕以下皆莫之能及……"珊蛮，即萨满，兀室，是金国左宰相完颜希尹的女真名。在徐梦莘的笔下，完颜希尹作为一名萨满，拥有与天地鬼神沟通的能力。直至清朝时期，作为女真人的后裔，清朝皇室将萨满教视作整个满族的核心信仰，也赋予了萨满崇高而尊贵的地位。在紫禁城大内后三宫最为核心的坤宁宫，和东南角的堂子都设有祭祀之处。每当祭祀之日，由皇族宗亲中经过训练的女性成员担纲的萨满，便在袅袅飞升的芬芳烟尘中诚心祝祷，邀请神灵降临以赐福祉。

伴随着世界文明的发展，原始社会的解体，阶级社会的衰落，萨满教

↑
萨满面具

↑
萨满神鼓

也逐渐沉寂下去，在世界各地正式全面地走进了博物馆，成了神秘时代的终结音符，远古时代的活化石。也许，只有在这片曾经孕育了这一传奇信仰的土地上，仍能寻觅到些许吉光片羽。

吉林爱雪，老辈人称雪为"雪神妈妈"，在萨满教也有尚雪拜雪的雪祭。或是雪枯时节，或是瑞雪丰年，或是冰雪消融将至，或是暴雪不绝之时，各部族都会竞相准备祭品，纷纷参与祭祀。但雪祭何时举行、祭坛设于何地，都要由萨满卜定。于是，萨满便要离群索居，在远离村落之处另建一茅屋居住，每日饮冰水，净身静心，随后取来江心雪、树根雪，擦洗全身，来至山巅，旋转起舞，击鼓请神。神灵附体之后，萨满睁开双目，目之所及即雪神妈妈选定的祭坛，视作神意。

此时，族中的男女老幼便会满怀崇敬的心情纷纷前来修筑雪坛。他们取来山中陈年雪，切成雪坯，砌起两座圆顶雪屋，松枝彩门，设有木雕兽头图腾柱，供萨满占卜、守夜。雪坛前设有梯形冰台，旁插各部族的图腾旗，另有冰池、冰圈、冰笼等，气势巍然，庄严肃穆。雪祭当日，众人扶老携幼，络绎不绝地奔向雪坛，经彩门向神坛献祭，供上活牲、天禽、山果、饽饽等祭品，祈求雪神妈妈保佑"灾难远遁，病魔驱走，兽群繁盛，子孙平安，冬猎顺当"。

除雪祭之外，在每年春水解冻、鳇鱼洄游之际，萨满也从未缺席。生活在松花江两岸的满族人，至今仍承袭了先祖祭祀松花江江神的习俗。

在这里，生存着一种特殊的鱼类——鳇鱼。鳇鱼是一种大型鱼类，可长到几百公斤，它的浑身都是宝，鱼肉鲜美，鱼皮可缝制华丽的衣服，鱼骨可磨制珍贵的首饰，深得统治阶级的喜爱。明末清初，伯都讷（今松原市宁江区和扶余市一带地方）就是鳇鱼贡发源地之一。

17世纪末，沙俄不断向我国北方蚕食，清朝政府一声令下，使世世代代居于此处的锡伯人全部搬迁。锡伯族西迁后，失去了守护者，伯都讷的渔猎就进入了滥捕绝杀的状态，没过多久，鳇鱼便濒临绝迹，引得人们只能"望江兴叹"。

萨满教祭祀器具

↑
萨满龟壳面具

↑
吉林省博物院非物质文化遗产展——枕头顶刺绣萨满祭祀

这时，满族的完颜氏族长觉得鳇鱼贡自此废弃实在可惜，于是启用了满族古老的"鱼祭"方式，在河口捕捞数种鱼类，杀鱼祭天，每月初一、十五各祭一次，从不间断。有一天，大萨满对完颜氏族长说："昨日夜间，我梦见了松花江神兴国应圣公，他告诉我鱼祭至真至诚而感动了天地神，天地神命令江神将鳇鱼转交给你们，你们就赶快设坛祭祀，下网捕鳇吧！"

于是，更加盛大的祭天、祭江、祭祖仪式开始了。

祭坛靠江而建，坐北朝南，四周绣有大雁、水獭、虎、豹、鱼、鹰、熊、蜥蜴、蛇或蟒图案的九面黄底色彩旗迎风招展。坛上并排摆着四张高桌，按序供奉着天地神、松花江神、三岔河口神、满族先祖的牌位。前设小坛，放着一条丈余长的鳇鱼。祭祀开始后，各族族长身披黄绫，登上大祭坛，点燃高香。主祭人满族族长宣读祭词，五位族长向诸神和先祖行三拜九叩大礼。随后，便到了大萨满登场的时候。

只见他身着萨满服，抖动腰铃，敲响单鼓，唱出他梦见松花江神一事，并要求在场民众排队观瞻鳇鱼。观瞻过后，这条鳇鱼就用于祭祀诸神和先祖。但仪式这才进行到了一半，只见从祭坛后走出十名披头散发、身着鱼皮衣饰、手持钢叉的彪形大汉，一字排开站定，他们就是应松花江神派遣而来的祭祀天使、捕鳇神将。大汉们手持钢叉，在场内列队表演叉鱼动作，鱼叉飞舞，渔获入袋。随后，他们放下鱼叉，从腰中抽出一把尖刀，首先割下鱼头，放在柳条筐里，二人抬着登上祭坛，摆在天地神牌位前。又割下三大块鱼身子，分别摆在诸神和先祖牌位前。再将鱼尾割出许多条口子，用盆盏接上鱼血，端起盆盏走到民众前，先将鱼血喝进口中，再喷到民众脸上，众人跪满一地，叩头领受。

祭祀之后，大汉们则会掘坑将鱼头、鱼身、鱼尾埋至地下，以示对诸神和先祖的虔诚。

这时，重头戏便要登场了。随着主祭一声令下，各族将准备好的几篓杂鱼撒入江心，只见江面微澜，水花溅起。十名大汉各自登上五艘捕鳇船，伺机捕杀鳇鱼。一番搏斗之下，岸边便堆积了六七十条大鳇鱼，这就是天地神恩赐、松花江神送来、三叉河口神带来的伯都讷的"大富贵"。

岁月更替，鳇鱼贡已消失在历史的长河中，但祭江仪式却一直持续了下来。萨满也在其中，充当着传递人与天地自然和谐相处愿望的使者。近年来，更是走下神坛，承担起了传承萨满祭祀文化的重任，试图用更开放的姿态，拥抱瞬息万变的新世界。正如"80后"萨满传承人石光华所说，"希望能让更多人了解、研究萨满文化，这样更有利于这种古老文化的传承"。

"世界萨满看中国，中国萨满看吉林"，万物皆有灵，唯余是此地。

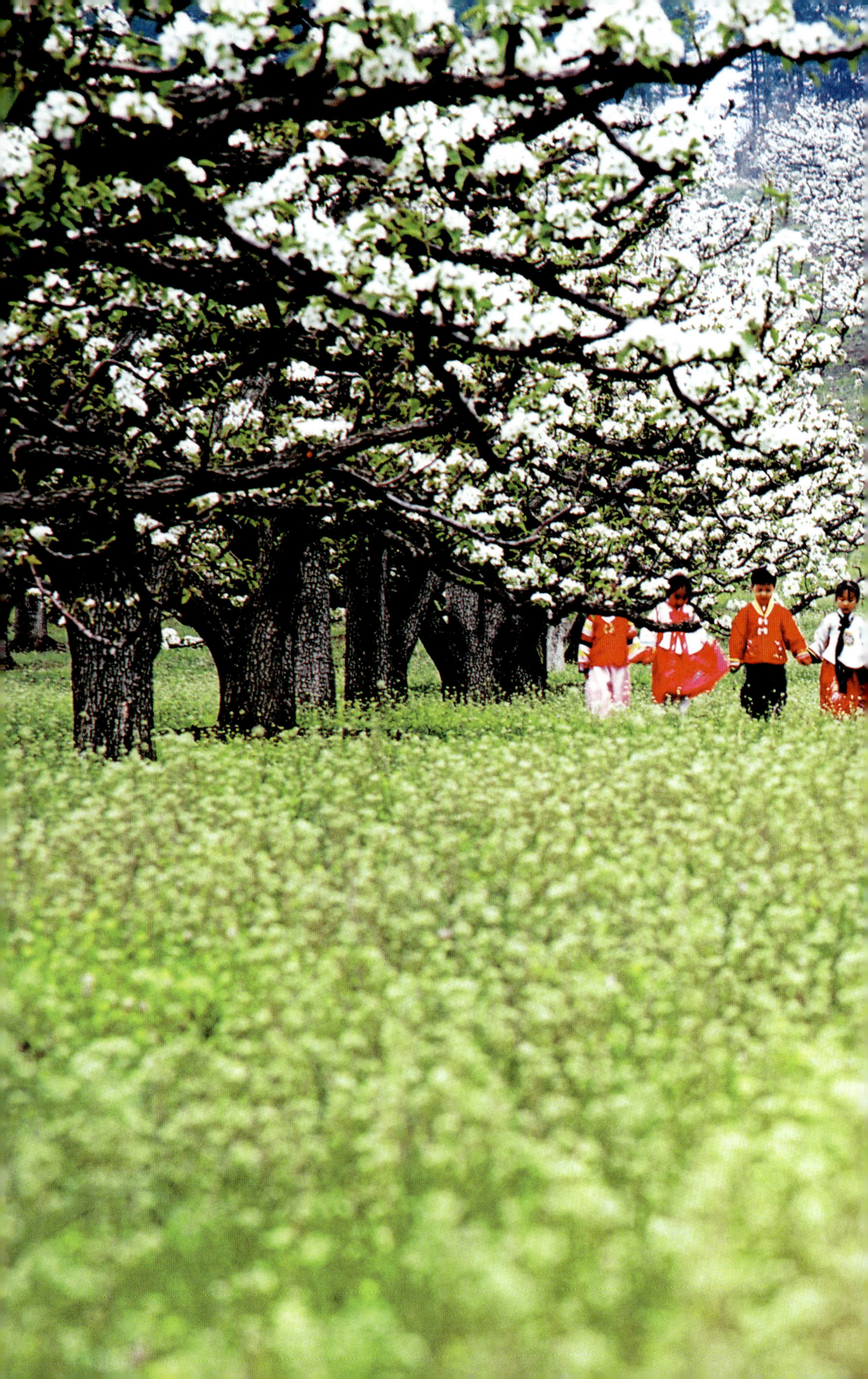

九春

二月，春天就来了，这时的东北，温度还很低，草没有长出来，树也没发芽。吉林的大街小巷、田野山间多半在飘雪。不过，这只是看起来的样子。瞧着，未融的冬雪正悄悄被春雪覆盖。天晴时，水汽蒸腾，阳光已有暖意。春天，含着开始的意思，唤醒了吉林新一季的蓬勃。

吉林的春天是自然物候的华丽转换，也是民俗文化的次第绽放。本章"九春"，将阳气渐盛的节气轮转与人文礼俗相结合，于行止坐卧间展现天人合一的吉林春意。

"蓼芽蔬甲簇青红，盘箸纷纷笑语中"。冰凌花报春时，吉林的山野菜发出信号，邀请人们"采青"。荠荠菜、婆婆丁、榆树钱、山葱、河芹菜、猫爪子、刺五加、柳蒿芽、贯众菜……漫山遍野的绿，载满了大大小小的菜篮子。由此起笔，是吉林人与自然的深切情谊。

"三江春水鱼先知"，到了三四月，春气浓了许多。江面打开，"开江"习俗登场，浩浩荡荡。"文开江"展半江春色，"武开江"如野马脱缰。开江鱼跃出江面，鲜甜非常。1000余年前，皇帝龙帐所至为"春捺钵"驻地。如此"赏开江景，吃开江鱼"的习俗流传至今。

良畴沃野，盛世安康。富饶的吉林，千年前尚需寻觅的四时行在之所尽在脚下。要感受更多人间烟火气，去早市，跟各家店主聊聊天，看看蔬果鲜花，挑挑干果鲜肉，很快就能感受到与古相接、与今同享的喜悦。

从奔涌破冰的江河到万物复苏的大地，吉林的春天实在有太多新意，也有太多美食。一张大饼，一轮春盘，就可包罗万象，将鲜嫩与清脆集成一把趁手趁口的滋味。一碗饺子，送人出外闯荡，一碗面，迎人回家团圆，不管丰俭，只要平安，化开来都能品出甜。

日子里充满了仪式感，一个北山庙会也能赶成东北规模最大、影响最广。"吉林庙会胜千山"，胜的是人情

敦厚。游客云集，集的是天地情怀。

仪式感里充满了祝福，一盏河灯悠悠荡荡也能搭起长长的桥梁。松花江河灯记录了往事沉浮，却似乎永远可以往前去，带着人往前奔。

祝福连接着中华56个民族，人生节点处处缝上巧思。无论是一生三次"大桌"庆周岁、结婚和花甲的朝鲜族，还是汉族、满族、蒙古族、回族、锡伯族等各民族交融又各具特色的手艺，抑或一针一线、一衣一物勾勒出的风俗画卷，都承载了吉林人对社会、文化、家与土的敬意。

走进春天，在新的开端融入热闹的、振奋的、深情的、温暖的、专注的吉林。跟着春日吉林的脚步，热烈的、浓郁的、舒展的、勃发的力量已在酝酿了。

↑
节日的市场

白雪有多灿，春天就有多野
——野菜

  大东北，吉林的春天仿佛有些短，冬天显得很长，春天似乎来得晚些。其实不然，冻土之下，顽强的草木一直在吸吮冰水，早早苏醒，一天天长大。在尚未消融的冰雪深处，一朵绿萼黄瓣的花蕾悄然绽放——被誉为"林海雪莲"的冰凌花，亮相盛大而隆重，随后，红的、粉的、金灿灿的山花会渐次漫过山谷，争相报春，冲开晦暗。吉林的春天，就这样来了。

  冬春交汇之际，吉林并不苦寒。光亮豁然浸入黑土，大地暖了，树长新芽了，山野菜一茬茬钻出来：一年中最浓郁的山野气息来啦。收到讯息的人们，反应很快，急迫地收拾篮子去采摘：把春天带回家啊，要赶趟儿。

  春天，是采集野芽、野菜的独好季节，春归采青人，都是勤快的知春人。

  对于居住在吉林的满族先民，吃肉好说，靠狩猎，补充维生素有点费事，得耐着性子去采集。尤其是憋了一个冬天，馋一口新鲜蔬菜时，春意刚刚露个头，人们就成群结队挎上背篓上山了——去挖野菜。

  清诗人黄兆枚有诗云：

葱茎蒜瓣亦频频，刬草还须护蒌辛。

三月探春春未醒，青芽先付挈篮人。

  春天，总有一段青黄不接的时候，距离大叶的、常规的蔬菜成熟还有很长时间，而冬天积攒的燥气已经等不及，"清火"之需分秒必争。此时，婆婆丁（蒲公英）、苣荬菜、荠荠菜、小根蒜、柳蒿芽等一众山野菜刚从地里长出来就备受瞩目。一丛丛外形各异的绿色植物，纯靠自然孕育，无须人工种植，又含有丰富的维生素和微量元素，且均有清心败火的功效，应季、及时，一切都刚刚好。

  吉林是满族世居地之一，钟灵毓秀，河湖纵横，森林密布，物产丰饶。从常见的荠荠菜、婆婆丁、榆树钱、山蒜、山辣椒、山韭菜、山葱、山胡萝卜、大叶芹、水芹菜、河芹菜、黄花菜、蕨菜、苋菜、马齿苋到充分体现东北个性的小根蒜、猫爪子、猴爪子、刺嫩芽、刺老棒、刺五加、柳蒿芽、贯众菜、米叶菜、鹅掌菜、明叶菜、枪头菜、石头子菜、牛毛广、江葱、寒葱、红花菜、山白菜、苣荬菜、藜蒿菜、山车轱辘菜、灰菜、甜浆菜、凤尾菜等，满族人认识和喜食的山野菜比田园、大棚里种植的蔬菜多得多。

  除了山野菜，吉林的山间林地还盛产菌类，如元蘑、榛蘑、松蘑、黄蘑、花脸蘑、松茸、猴头、猪拱蘑、榆蘑、柳蘑、槐蘑、粉蘑、红蘑、油蘑、草蘑、丁香蘑、羊肚蘑、笤帚蘑、青盖蘑等。菌类中的木耳也分很多种，生在柞木上的叫黑耳；生在榆木上的叫沙耳；生在桑木上的叫桑耳；生在石头上的叫石耳；生在山林野地上的叫地耳；等等。

  如果常常穿行于长白山林，你还会发现这里的木本、草本可食果类品种甚繁，有山梨、山里红、山樱桃、山丁子、山葡萄、元枣子、核桃、稠李子、高丽果、五味子、杜李、松子、榛子、杏仁等二三十种之多。

  对此，从家乡湖南到吉林任职的清朝诗人黄兆枚就曾赋诗感叹道：

> 房有陂莲塔有松，榛苞梨壳果灯笼。
> 南风遍地桃花水，又抵婴门一夜红。

诗中所述整体环境是森林，莲房是陂池中的莲（荷）花结出的莲蓬，松塔包裹松子，高高长在松树上；榛子满苞满实，山梨皮如壳，"灯笼果"即红姑娘一串串坠着；"桃花水"也叫高丽果成熟后被南风一吹就落满地；"婴门""一夜红"都是莓果类。短短四句诗处处可见对自然慷慨馈赠的赞美。

清代满族诗人常安有《盛京蔬菜赋》，对各类山野菜进行了更加客观而详细的描述，且部分地推荐了吃法，描述了饮食感受：味以淡而弥旨，品因繁而易寻。

每逢春天，长春市大顶子山、长春市净月潭公园、九台区卡伦湖、吉林市、通化市等地的郊区都"长"满了来采野菜的人。这时节，自驾去一个风景秀美的山区和农村，从山野菜生长习性到采摘，将体验"山野菜旅游"进行到底，是难得的春季原生态享受。

怎样去品识青菜？这有许多讲究，也有诸多智慧，所以食青智慧，又是人的生存智慧。

几千年与白山黑水相依相守，靠山吃山的满族人早就在与山林生态打交道的过程中，摸清了它的"脾气"，掌握了植物的生长季节、生长环境，记住了可食用的山野菜、菌类和山果的模样，掌握了采集加工和储藏之道，创造出了食用山野菜的许多独特技法。

刚过清明节，各种山野菜就铺满了山林、河畔、田野各处。

婆婆丁比较常见，学名为蒲公英，因其开黄花，故又叫"黄花地丁"，味微苦而清鲜，有平喘止咳、清平肺火之效。晾干的婆婆丁水发之后，可以像鲜的一样凉拌吃，也可熬煮或冲泡作为茶饮和药用。特别值得尝试的是油炸婆婆丁。取来婆婆丁，洗净，裹上用鸡蛋、精盐及水淀粉调成的稀糊，入油炸至金黄即可出锅。

↑
蒲公英

    直接蘸酱吃是对山野菜的一种信任。婆婆丁、山葱、寒葱、甜浆菜等各有风味。而更多的山野菜则需要用沸水焯一下，把硬菜梗、小毛刺焯倒，可以去除毒素和草腥味，像柳蒿芽、刺老芽、马齿苋、贯众菜、鹅掌菜、牛毛广、刺五加、黄花菜、红花菜、猫爪子、蕨菜、灰菜、山白菜等都是如此。

    还有的山野菜炒着吃味道更胜一筹。像小根蒜（又称"抢莫蒜"）、刺嫩芽等，炒一盘鸡蛋就很得人心。大叶芹炒肉、山芹菜炒肉、刺五加炒肉，或浓或淡的调味总不会掩盖山野菜的清香，早年间是满族人春天喝粥、吃饭重要的佐餐小菜。

    榆树的果荚"榆树钱"，成熟时犹如一串串铜钱吊挂满枝头，寓意好，味道也好，对于满族人和闯关东的先民有特殊意义。早年前遇到灾荒，人们将榆树皮剥下磨成粉，包上榆树钱做成的馅儿，蒸一锅榆树皮饽饽。一个榆树皮饽饽有时候就能活一条人命。因而满族人格外尊敬榆树。旧时，满族村屯崇祀的神树，多是榆树。如今，还有很多老榆树镇守村镇，寄托着人们对美好生活的憧憬和风调雨顺的盼望，吃榆树钱也变成了"绿色时尚"。生吃、拌糖、拌蜂蜜，或是做榆树钱饺子、包子、菜团子乃至撒上一层薄面蒸着吃，炒蛋、炒肉、拌入豆腐，做汤羹吃，样样都精彩。

满族先民的智慧完整融入了现代吉林人的生活。在春天，山野菜就是沟通古今的桥梁。

除了现吃，人们还会把剩余的野菜晾干或腌制存放起来，以待冬天无菜时吃。待到想吃的时候，就取出来用清水多次浸泡，去除多余的咸味后很清新。将山胡萝卜、五味子藤、芸豆、豇豆、茄子干以及鲜土豆和带肥膘油的猪肉片一起放入锅中煸炒出油，成就一锅肉香与菜甜"齐飞"的干菜乱炖，更能彰显东北人粗中带细的性格以及善采善食的品质。

↑
榆树钱玉米面馒头

人有人气，地有地气。地气，就是人对大地的"亲近"而感受到的气息，人若吃了地气就长了知识和智慧。

清明过后，谷雨来临，"食青"进阶，有了"吃地气"的习俗。野菜新出了一茬，转身就有了新模样。

"不风不雨正晴和，翠竹亭亭好节柯。""雨生百谷"，种子拱出了嫩芽，各种野菜也在一场场春雨的催促下，争先恐后地爬满了垄畦、沟渠、山坡。"清明饸子谷雨面"，清明时节，家家烙韭菜合子吃，叫"尝春"；每逢谷雨的这一锅飘香的野菜面汤，就叫"吃地气"。

一年之计在于春，重视春耕的庄户人家"吃地气"寓意接下来的一年筋强骨壮，农事兴旺。流传到今天，吉林人家"吃地气"更有一份亲近山林和原野的浪漫。

"农事蛙声里，春气又融融。"绿莹莹的水渍菜、暗红色的苣荬菜、举着白花的苦麻菜、叶纹秀气的车轱辘菜……一株株，一片片，支棱着叶子，摇曳着身子，挤着、拥着，将谷雨时节的乡村装扮得生机盎然。把这些春天的精灵小心翼翼地剜进篓里背回去，就是把春天带到了家。

野菜用清水泡好，褪泥去渍，倒入已经烧好的开水中，淋上"面疙瘩"或面片，一同翻滚，余熟盛起，点上几滴香油，一锅充溢"地气"的面汤就做好了。

吃啥补啥，"地气"足了好干活儿。人们扛上农具，把一身力气挥洒到田野里，锄地、间苗、补苗、施肥、趟垄……用肆意的忙碌迎接春天。

每年应时而生的山野菜，是久远岁月中吉林人的祖先赖之为生的植物，是与渔猎互为补充的采集生活的印章。即使到物质极大丰富的现代，吉林人依然对自然的这份慷慨馈赠情有独钟。人与自然，山林与哺育，山野菜的蓬勃讲述了一个不离不弃的故事，传递的是才华横溢的创造。

02

三江春水鱼先知
——开江节及鳇鱼贡

　　三四月间，冬去春来。吉林大地冰雪消融的时节，封冻已久的江面正在迎来复苏。厚厚的冰层，逐渐融化，冰凌残雪沿江浩荡而下，这就是"开江"了。

　　开江又分为"文开江"和"武开江"。当气候逐渐回暖时，冰面一点点化开，大大小小的冰块顺流而下，江水在中间缓缓流过，形成"半江春水半江冰"的景色，这是"文开江"。相比之下，"武开江"就显得豪气许多。随着气温骤然上升，前一秒江面还很平静，后一秒就会瞬间裂开。一声巨响之下，咆哮的江水夹带着冰排，如脱缰的野马，又如狂飙的飓风，前呼后拥、上下翻涌。大块的冰排相互挤压碰撞，形成冰山，冲出河道，甚至被冲上堤岸，在沿岸形成高高的冰凌墙。待冰凌融化之际，江水就彻底苏醒了。

　　江水苏醒后，在冰下忍饥挨饿了一个冬天的鱼儿，早已肠清肚空，全身都是精细的嫩肉，味道尤为鲜美，这就是"开江鱼"。而之所以被称为"开江鱼"，是因为只有这短短的十几二十天之中才有。等到再迟些，春气入水，鱼儿开始吸收万物，浊气入体，便再也没有了这种入口即化的鲜

↑
冰河初开

美,"泯然众鱼矣"。

  吉林很久以来就盛传着"赏开江景,吃开江鱼"的习俗。开江节最早可追溯至1000余年前的辽代,每年的正月上旬,辽帝便带着文武百官出发巡游。皇帝龙帐所至,便是"春捺钵"驻地。正逢开江之际,于是面向江边焚香、敬酒、祭祀神明。随后便开始渔猎活动,以所获的"头鹅""头鱼"置酒设宴,召集女真部落首领前来朝贡,下达旨意,以此显示江山永固。自此,江岸居民相沿成习,每到开江时节,都要举行祭江大典,希望江水中的神灵能够保佑渔者的平安,如此才能入江捕鱼。民间也流传着,双手抚过开江冰,或用开江水净手,即可得到江神的庇佑,祛病祈福、驱灾辟邪,求得新一年的平安吉祥。

在吉林市，一到开江之时，江边便围满了人群。静鞭武士、抬号角、举星、立瓜；八旗仪仗、举幡、举团扇；刀枪仪仗、王公大臣、侍卫等依次入场；身着传统服饰的祭者各司其事，高举鱼形神偶、柳树神具，在完成敬香、敬酒、献帛、跪叩兴、喝醒网酒等各项程序后，在一声声"开江啦"的呼喊中，渔民从四面八方驾驶渔船去到江心，合力将一张张大网拉出水面，满载数万斤活蹦乱跳的鲜鱼后向岸边驶来。水好鱼肥，铿锵的锣鼓声伴随着一浪高过一浪的欢呼声，岸边的大铁锅也已经飘出了浓浓的鱼香，揭开锅盖，鱼汤如乳汁一样白，鱼肉鲜嫩无比，人们手捧盛满鱼汤的大碗，享受这难得的"江水炖江鱼"的美味，自此便拉开了一整年捕鱼生产的大幕。

吉林市有"北国江城"之称，松花江从城区蜿蜒而过，松花湖是东北地区最大的高山湖泊，坐拥千年渔猎文化。都说一部松花江，整部东北史，一江两岸，也为百姓提供了舟楫之利和渔猎之便，著名的"三花五罗十八子七十二杂鱼"便出自这里。"三花"指的是鳌花，也称为鳜鱼、鳊花、鲫花；"五罗"指的是哲罗、法罗、雅罗、胡罗、同罗五种鱼类；"十八子"，大小都有，小的寸把长，半两三钱重，如船丁子、柳根子、白漂子等，可做炸食或鱼酱；七十二杂鱼则更多了，几乎囊括了所有淡水鱼类。

在吉林市龙潭区乌拉街，曾经存在着一个专为清廷采捕贡品的机构，叫作"打牲乌拉总管衙门"。"打牲乌拉"来源于满语"布特哈乌拉"。"乌拉"意为汉语"江河"，"布特哈"意为"渔猎""打牲"，所以"布特哈乌拉"也叫"打牲乌拉"，为"江河渔猎""江河打牲"之意。在清朝统治的200余年中，打牲衙门为清廷采捕的贡品种类繁多，但其中最重要的贡品只有四宗——东珠、鳇鱼、蜂蜜、松子。

鳇鱼，学名达氏鳇，是冷水鱼的一种，长可达四五米，重可达几百公斤，因为肉鲜味美，所以极受欢迎。一说因它硕大的体型可彰显皇家的威严，康熙帝便将其命名为鳇鱼，又亲笔写下《御制鳇诗》：

九春

↑ 开江仪式

← 鱼王

105

"更有巨尾压船头，载以牛车轮欲折。水寒冰结味益佳，远笑江南夸鲂鲫。"民间老百姓也说此鱼一直是贡品，只能由皇家享用，因此是"鱼中之皇"，又被称为"皇鱼"。

给皇帝进贡鳇鱼，称之为"鳇鱼贡"。春汛以后，捕鱼牲丁乘船结队，举行隆重的祭江仪式后，分头出发，顺松花江而下，历经千难万险，耗费许多时日，才能捕捞到一两尾符合贡品规格的鳇鱼。捕到鱼后，立刻要命名造册，记录鱼的身长、胸围、花色等数据和特征，然后不分昼夜地送至鳇鱼圈饲养。等到冰雪覆盖大地之际，再凿开坚冰，捞出鳇鱼，用黄绫裹上，装上桃木车。护送人员也有讲究，需在出发前三日沐浴更衣，食宿在衙署，不得回家。出发时，车上插一面书有"贡"字的黄旗，每至驿站更换保镖兵丁一次，负责保护贡品不受损坏，直至京城。沿路府州厅县等地

↑
松花江雾凇

方官员在贡车经过时还要有迎送仪式，以示恭敬。

为了饲养鳇鱼，清朝还在松花江一带修建了鳇鱼圈，为了妥善保管渔具，又在乌拉街北的江对岸修建了一座打鱼楼，可谓是风行一时。直至清光绪二十六年（1900），沙俄军队入侵伯都讷新城，同年，鳇鱼贡停。如今，在吉林省扶余市四马架乡的沿江地带仍有鳇鱼圈遗址，但鳇鱼却几近绝迹。

千百年后，历史尘烟虽只能依稀可见，但船歌依旧萦绕江畔，吉林人爱吃鱼的传统也保留了下来。每年的开江节，江畔到处涌动着潮水般抢购开江鱼的人流，鱼房子灯火通明，他们品鲜鱼、饮美酒，尽情享受着大自然的馈赠。

吉林人不仅爱吃鱼，还爱做鱼。早在民国时期，吉林的鱼店常常为了展示镇店鱼王，便会雇用木匠，根据鱼的尺寸裁剪木料，制作鱼匣子。鱼匣子呈现流线型，在鱼头鱼尾位置开洞，让头尾完全露在外面，并在鱼头位置留出把手。外匣会刷上红油，画上卷云花纹，盖子是活板，上面贴有礼单，逢年过节用来送礼，既体面又好看。在松原市查干湖传承千年的渔猎文化中，鱼皮画也显得尤为独特。当地人选鱼去皮后，经过防腐、定型、晾干、画稿、裁剪、拼接、缝制、粘贴、装框等多道工序，完全由手工制作完成各种图腾、挂件、饰物等，可以说是栩栩如生，精美绝伦。"鱼"的文章还不止于此，每年的4月，吉林还会举办开江鱼美食节旅游季，游客不仅可以游逛在吉林市、蛟河市、桦甸市设立的六大鱼市大集，看名厨烹鱼技艺、品尝鱼餐，还可以选购正宗"三花一岛"松花湖野生鱼、文创产品和伴手礼，体验"渔"文化、非遗文化的魅力。

如果说开江是承接冬与春的纽带，那么这大东山水中的一尾鱼，是否也游进了诗与远方的感召？

03

考古印迹刻岁月
——春捺钵故事和遗址群

在内蒙古博物院，藏有一幅辽代的《备猎图》，画中绘有五名契丹男子，其中一人臂上擎着一只海东青，正在准备猎捕。在普通观众眼中，透过这幅画作，窥见的也许是千年前的某个春天，契丹贵族兴致勃勃地跟随皇帝车架，前往渔猎的喜悦与期待。

然而，在这幅画的背后，隐藏的却是一个重大的历史真相。

2009年11月，正值第三次全国文物普查之际，在位于吉林省西北部的乾安县，文物部门也在紧锣密鼓地组织一次野外考察。就在这时，几位考古学家从附近的老羊倌口中了解到，在乾安县花敖泡东南岸发现了大面积的土台基，甚至有人挖出了铜钱、陶片等物，这一信息立刻引起了他们的注意。当他们匆匆赶到之后，发现不仅在花敖泡，在附近的其他三处也分布着大型的土台基。数量如此之多，分布如此之广的土台基，在考古勘查中实属罕见。

2014年，吉大边疆考古中心和乾安县文物管理所首先对这里展开了发掘，瓦当、滴水、陶瓷器、北宋铜钱等上百件文物重见天日。众多文物中，一件陶质佛像尤其引人注目，它头有肉髻，高鼻，眉目柔和，造型线条优美流畅。根据考古学家的推测，这很有可能是佛教祭祀的文物。根据这条线索，当越来越多的遗址、文物被清理发现，拂去它们身上封印千年的历史尘埃时，这些普通人眼中的"小土坡"才显露出让世人惊叹的一角。

经过多年的考古发掘，这些大大小小上千个土台基被认定是辽金时期"春捺钵"的遗址群，也就是上述画作中整装待发的贵族们即将前往的地方。

春捺钵是什么？

莽莽长白，起源三江；风雨谐时，良畴沃野。浩渺松花江畔，苍茫草原腹地，历史上这里曾是中国北方民族活跃的重要区域之一，东胡、鲜卑、扶余、契丹、女真等先后在这片土地上繁衍生息，上演了一幕幕叱咤风云的传奇。在这些已经消失的古代民族中，尤以建立了大辽国的契丹最为强势，他们不仅修筑了城池，还建立了长春州，更开启了此地作为辽、金、蒙、元、明朝中前期五个朝代，横跨四百余年的政治中心的历史，留下了神秘的捺钵文化。

"捺钵"一词原为契丹语，翻译过来就是"行宫""行营"的意思。在《辽史》中曾这样记载道："辽国尽有大漠，浸包长城之境，因宜为治。秋冬违寒，春夏避暑，随水草就畋

↑
《备猎图》

洞见传承·人文吉林

↑ 反映春捺钵的遗物：吉林省博物院藏契丹文铜镜，白城大安红岗子乡出土

↑ 明代青玉海东青啄雁纹踺躞带穿，北京首都博物馆藏

渔，岁以为常。四时各有行在之所，谓之'捺钵'。"

其中说到的就是契丹民族因为有着"牛马到处即为家，四时畋猎是生涯"的生活习惯，常常逐水草而居，一年四季都在流动之中轮转迁徙。春水秋山，冬夏捺钵，因此，便产生了辽代历朝皇帝沿用的四时捺钵制度。春捺钵、秋捺钵主要处理辽朝和其他所属民族的关系，夏捺钵、冬捺钵主要召开北南臣僚会议。其中，又以春捺钵最为典型。

在契丹语中，春捺钵也被称为"春水"，意为春渔于水。翻开《辽史》，时人记载："春捺钵：曰鸭子河泺。皇帝正月上旬起牙帐，约六十日方至。天鹅未至，卓帐冰上，凿冰取鱼、冰泮，乃纵鹰鹘捕鹅雁。晨出暮归，从事弋猎。"由此可见，春捺钵主要有两项内容，一项是钩鱼，另一项则是猎捕天鹅。

正月一过，皇帝便携君臣、将士、后宫等浩浩荡荡从首都上京出发，一路旗幡招展到达春捺钵。皇帝一声令下，人们便先搭起帐篷，凿冰钩鱼，通常第一条鱼会由皇帝亲手来钩，被称为"得头鱼"。当头鱼上岸之后，便于大帐内设宴庆祝，招待远道而来的女真各部族酋长们，谓之"头鱼宴"。

等到冰雪消融之际，也迎来了春捺钵的第二项活动——猎捕天鹅，这也是整个春捺钵的重中之重。皇帝亲至，侍卫们都穿着墨绿色的衣服，各备连锤一柄，鹰食一器，刺鹅锥一枚，在水泊周围每隔五步、七步站立。如果谁发现了鹅，就高高举起旗帜，驰报皇帝。鹅受惊飞起，侍卫们就敲响鼓声，摇动旗帜。待侍从将海东青呈给皇帝，皇帝放飞后，海东青直上云霄，与天鹅搏斗，鹰擒鹅坠，距离最近的侍从立刻上前，举起刺鹅锥将鹅杀死，取出鹅脑子喂给海东青。皇帝得到头鹅之后，要举办"头鹅宴"，荐庙宇、敬神佛、拔鹅翎，插冠首，群臣各献酒果，与君同乐。

从表面上来看，春捺钵似乎是一种皇帝行幸的游乐活动，但它的政治意义却绝不止于此。捺钵在哪儿，皇帝在哪儿，政治中心便在哪儿，堪称一座"流动的首都"。春捺钵活动期间，周围的属部首领也要到驻地朝见皇帝，以示臣服。所以，春捺钵活动也包括了安抚、控制、考察属部的政治内容。

然而，就是这风靡一时的春捺钵活动，也曾改变了两个王朝的命运，一灭亡，一兴起，这就是传说中的"头鱼宴事件"。

辽天庆二年（1112）春，辽国天祚帝前往混同江（松花江初段）进行春捺钵活动。按照惯例，周边的各女真部落酋长都要前来朝见。这一天，在各酋长朝见之际，恰逢天祚帝在举办"头鱼宴"。酒兴一起，天祚帝便命令各酋长依次起舞。面对这等羞辱之举，其他酋长碍于辽国的威势不得不从，只能起舞作兴，唯有一位名叫完颜阿骨打的酋长推辞说不会跳舞。虽经过再三劝说，完颜阿骨打就是不从，天祚帝一怒之下便想将其处死，在枢密使萧奉先的劝说下才作罢。而此时的完颜阿骨打通过这一次试探了解到了天祚帝的统治"骄肆废弛"的现状，于是决意起兵反辽。辽天庆四年（1114）秋，他率领着两千五百名士兵，祭天伐辽，次月便攻克了宁江城，并开始联络当时东北的汉族、渤海族、契丹族、室韦族、铁骊族、兀惹族，共同起兵伐辽，迅速攻占了宁江州、宾州、咸州等地。辽天庆五年（1115）正月，完颜阿骨打即皇帝位，国号大金，是为金太祖。曾经的北方共主天祚帝在应州被俘，降为海滨王，辽国就此灭亡。有意思的是，金国因头鱼宴而起兵反辽，但后来也保留了部分头鱼宴的习惯，以此作乐，直至被蒙古铁骑灭亡。

在这之后，作为女真人后裔，清代的行宫文化也多受四时捺钵的影响。以乾隆为代表的清代帝王，频频在秋季前往塞外狩猎，谓之"秋狝"。可以说，捺钵之地不仅见证了历史的风起云涌，更为历史创造者们提供了广阔的舞台。

沧海桑田，斗转星移，今天，当人们再次踏上这片土地时，昔日纵横连片的春捺钵驻地已经变成了略高于地面的小土包，但渔猎的习俗被保留了下来。每年的四五月间，吉林市的大地迎来了一场冰雪盛宴后的复苏，松花江的冰层逐渐消融，化作万千冰排，浩浩荡荡地顺流而下，这便是人

↑
吉林省博物院"吉林省历史文化陈列"展：完颜阿骨打起义场景

们口中的"开江"奇景。这时，渔民便破冰钻眼，下网收绳，将装满鱼儿的大网从冰层下拖上冰面，颇有辽金时期"凿冰取鱼"的遗风。

近年来，文艺工作者们更是把春捺钵搬上了舞台。2019年，民族歌舞剧《盛世契丹春捺钵》在查干湖首演，该剧讲述了1022年，辽代圣宗皇帝率文武群臣及后宫嫔妃，来查干湖畔的军事重镇长春州举行"春捺钵"、卓帐冰上、凿冰捕鱼、大摆"头鱼宴"、款待群臣使节的史实，展现了渔猎文明的悠长轨迹。近年来，春捺钵更是作为旅游演艺项目，被视作游客来到长春的"必打卡"之点。

也许，千年之前的那阵春风，吹过山水千万里，仍在冰湖与你相见。

04

天地人和包万象
——杨麻子大饼、李连贵熏肉大饼和满族大豆酱传统酿造技艺

"三伏大饼摊鸡蛋"听起来是一道养生秘膳,像饕客之选。其实,它是祖先传下来的。度过一年中最后十天"末伏",酷暑即将过去,该为立秋做准备,计划着贴秋膘儿。

在吉林,"饼"是必备之选,"大酱"又是饼的绝佳伴侣。当碳水"万花筒"遇上滋味"江湖",吉林社会历史与生活态度的变迁就活色生香起来。

任何载体,在吉林都有自己的往事和来历。比如"杨麻子大饼"和洮南就有自己独特的往事。

乘着闯关东大潮,清光绪二十一年(1895),河北抚宁府人氏杨玉田携家带口落户科尔沁大草原东南沙吉毛吐(今吉林省洮南市)。

如何谋生?杨玉田左思右想,想到了老家的烧饼摊。以前,他常看烧饼师傅做饼。何不就从这张饼上做文章?说干就干,很快就把一个饼摊支起来了。不过,谁都没想到的是,杨玉田没走"依样画葫芦"这条近路,反倒给家乡的烧饼来了个"改装"。这股悟性和闯劲儿才是谋生的真本事。

抚宁烧饼以干烙为主，是简简单单的干脆。杨玉田加了道工序，还是有烙饼这道工序，但饼朝上的那一面加了个锅盖儿，专门用来烤制。上烤下烙，两面加热，这样做出的饼，一出炉就外脆里嫩，十分耐嚼。

不仅工序有创新，形状也有创意。杨玉田先把饼皮拉成方形，用擀面杖压平，抹油之后不是按常规套路折叠，而是卷合。这样打出的饼，外形浑圆，拉起成条，落下成饼，色泽灿烂金黄，口感富有层次。来买的人一波接一波，越来越多。

杨玉田少时得过天花，脸上留了些麻坑，"玉田大饼"就渐渐成了"杨麻子大饼"。杨玉田也接受，跟着改了饼铺招牌。

要说人气，也有地利的因素。当年的洮南，地处枢纽地带，大路上，拉豆种、拉皮货、拉盐茶的车往来不息，商贩络绎不绝。买卖做累了，肚子饿紧了，花不多的钱，来杨玉田的摊子买上一张个儿大、实惠、好看又好玩的大饼，食客可以边盘边吃，是一大兴头。

好饭"长腿"，一传十，十传百，"杨麻子大饼"曾引来过洮南镇守使，也入过东三省督军的府中。看势头不错，杨玉田就准备带着儿子去奉天（今沈阳）开分号。只是不幸，战火烧到了东北。"杨麻子大饼"的第一趟旅程终究没成行，并且在兵荒马乱之中，一点一点歇下了脚。到杨玉田临终前，"杨麻子大饼"已经停摊儿了好一阵子。"守好这口锅"成了杨玉田给三儿子杨庆的最后一句话。杨庆没辜负父亲，接下饼摊，把炉火旺了回来，还将自己的儿子杨富贵培养成第三代传人。

将"杨麻子大饼"带到省外、打出名号的正是杨富贵。那一年是2001年，改革开放的春风吹遍祖国大地。东北到杭州，迢迢路程，杨富贵扛着祖传大锅，参加全国名菜名点大赛，与各路名厨同台较量，斩获金奖。那天，"杨麻子大饼"的香味飘到了全国。

如今，老字号"杨麻子大饼"出品不仅有传统的金饼、不带馅的手撕饼，还有素三鲜、海三鲜、蘑菇、羊肉、猪肉、牛肉、豆沙等各种馅料。这一张饼里的智慧传承至今，一直在吉林人的味蕾中衍生。

与"杨麻子大饼"几乎同一时期,李连贵熏肉大饼的雏形出现在离洮南数百里外的四平。

1895年,河北省滦县人李连贵闯关东落户到了吉林省四平市梨树县,开了小饭馆,名字取得响亮,叫作"兴盛厚"。起初,这是一间生肉铺子,后兼营熟肉、大饼等。原本,肉和饼放在街上不打眼儿。"兴盛厚"这份小本买卖,只能赚几分糊口的薄利。

迎来转折,得自一位常客。这人是中医,给开了方子,包含八九味中药。这副特殊的"料包"把"兴盛厚"一锅肉调成了秘制。在此基础上,李连贵又悉心研究中药材,精心改良了工序,终于摸索出独到的口味。

高手在民间。这口味里到底有多少讲究?制作、选料上最见分晓。李连贵熏肉专选优品猪的前槽至肋间肥瘦相间的肉,倒入清水浸泡,去腥去臊之后切块放入锅中,再加入事先存好的老汤,旺火烧开,遂转文火慢炖。待肉块煮熟,捞出沥净,再放进锅中加红糖熏制。全套流程一步不省,做出来的熏肉肥片不腻、瘦片不柴,松而不散且香气持久。

熏肉脱胎换骨成了独一份,李连贵又开始琢磨起大饼来。他尝试着不用清水和面,而改用肉汤,佐以食盐等调料和成软面,反复试验醒面时间,形成了精确到分的手法。这样醒好的面,柔中有劲,搓成长条再分为小段擀片成饼,被均匀抹上酥油后下锅烙制。调好火候静待一分钟后,透出的油香扑鼻而来。一张配得上秘制熏肉的大饼,层层分明,焦而不硬、软而不黏,怎不惹人垂涎?

食客取几段熏肉喂进刚烤好的饼里,点上甜面酱,码入葱丝,配米粥、绿豆粥或枣汤,口感弹中有韧,咽之回甘,真是香而又香,令人食欲大增。如若夹肉后的饼回锅再烙,更助肉香与饼香珠联璧合。几天不食,就引馋虫勾肚。

大饼卷熏肉的组合成了受人青睐的固定搭配。"兴盛厚"的字号就随了食客的习惯,改叫"李连贵熏肉大饼店"。这块招牌显示:肉和饼缺一不可,都是主角。

九春

↑
刚刚熏出来的肉

↑
为了增加面的筋性,面剂子要抻摔

1940年李连贵病故，其继子李尧继承父业，于1941年迁店于四平市北市场。李尧练就的好本事是选猪、杀猪、善辨品质。老猪不用，小猪也不用，肥瘦要适宜才用。宰猪褪毛，得做到一根毛也不带。李尧传下来的是老汤和手艺，传出来的是精益求精。现在，他的那些看家功夫都是店里后厨师傅们的基本功。

从街边方寸小店铺到公私合营大饭店，肉香不变，饼香不变，"李连贵熏肉大饼店"立业靠的是一锅老汤，越煮越醇厚，越煮越飘香，里面都是吉林敦厚的人情。

↑
吃李连贵大饼配上熏肉、葱丝、甜面酱才够味儿

经过风雨洗礼,"李连贵熏肉大饼店"在吉林这片土地上起家、受吉林人味蕾滋养,也彰显着吉林的信与义,将老家乡情与老饕风味都化在一口浓香里,为每位食客都送上最高的礼遇。

从方寸店铺到公私合营大饭店,再到省级非遗代表性项目,李连贵熏肉大饼在吉林省内强化文化挖掘,在省外丰实吉林味道,刷新四平印象,分店遍布全国20余个省。

如今,人们只需点外卖,就可享受送上家门的美味。有兴致的饕客们乐于从头研究,选肉、煮肉、熏肉、和面、合油、烙饼,全部步骤上网都能搜索到。曾经的"秘制"变成如今家家都能复刻的方子,却依然不减人们因为这道美食来到吉林四平的兴致。这是吉林的慷慨和引客之法。

味道传奇遍天下,吉林独特又新鲜。

吉林的两大名饼均有百年历史,提味的大酱则是从满族的祖先就开始制作了。

满族祖先金代女真人发明了"盘酱",多在营盘中食用。行军打仗时,女真人随身带有许多炒熟的豆子,日久天长,没有吃完的豆子就会自然发酵。为了防止已发酵的豆子腐败,女真人便加入适量的食盐继续保存以充饥。随着生活安定,女真人开始用豆子制成酱,主要蘸干菜或腌咸菜,有的富贵人家也用豆酱配烤肉。

这种制酱和大酱佐餐的习俗沿袭至今。而长白山盛产的大豆,一直是满族大豆酱的灵魂。

做酱,选在开春时,一般是在春节过后的正月里,或二月初。精选上好的黄豆,文火炒熟,出锅晾凉,掺水摅和,揉至酱中插根筷子不倒方可,最终形成约一尺长、半尺宽的长方体酱块。酱块不能做得太大,容易伤热;也不能太小,容易失水而发不透。

做多少块要看日子,闰年做单数,平年做双数。下酱的时间也讲究,图个好彩头;酿造的过程不可有一丝浮躁,工序齐全味道才正宗。

农历四月二十八，一般是庙会最后一天。吉林各个村镇、家家户户几乎都忙着"下酱"，关键是发酵。选择这一天，有借取"八"字的谐音"发"之意，但更主要的还是节气上的考虑。端午左右，雨季之前，渐升的温度最合适大酱里的毛霉菌快速发酵。

下酱时，酱块和盐的比例一般是3∶1。下好酱后，取一块白布蒙上酱缸，用绳子捆绑结实。白布上要钉上一个红布条，老话儿讲是为了保护酱缸里的酱不生虫，也有辟邪之义。上面再盖上一个"酱帽子"，一般都是铁皮做的圆锥形盖儿。下酱之后三天内不动酱缸，三天之后开始打耙，就是打开"酱帽子"，开始用酱耙在酱缸里按一定的方向搅动，让酱块充分溶解。同时，把酱块里的杂质、发酵时长的一些白毛搅上来，以便用勺子撇出那些沫子。这个"打耙""撇沫儿"每天至少一次。

把饼和酱做成品牌，吉林独树一帜。制作大酱和食用盘酱除为生活所需，也是十分有人气的仪式。尤其是春季，应时应季的"蘸酱菜"一端上各家餐桌，青翠欲滴的鲜蔬与色红味浓的大酱邂逅，下饭是必然，愉悦是必然。满族人的智慧就这样长长久久地传承了下来。

美食的传承背后是一方水土对一方人的滋养。曾经从外地闯关东而来的外乡人现在都是吉林本地人，吉林人餐桌上熟悉的大酱是乡土的根。多地文化随着人的扎根而演化，某种程度上，吉林文化蕴含多地文化交融碰撞，吉林也在用自己的方式加以包容和塑造。

饼与酱的新生，同样因应吉林的天时、地利、人和。

05

只此一生，三次"大桌"
——朝鲜族传统习俗

　　七彩吉林，潋滟风情。在这片土地上，集齐了汉族、朝鲜族、满族、蒙古族、回族、锡伯族等 56 个民族。山川万古同，风俗却各异，其中，吉林省延边朝鲜族自治州就是朝鲜族最大的聚居地。都说朝鲜族的一生可以用三面"大桌"来概括，分别是周岁、结婚和花甲。换句话说，在朝鲜族最重要的人生节点上，"大桌"总是无处不在。

　　什么是人生的开端之礼？在朝鲜族看来，开端之桌——抓周礼就是人生的第一"大礼"！

　　在朝鲜族的习俗中，出生礼被视为人生的开端礼，非常讲究。

　　一旦家中有婴儿降生，长辈就会在屋檐下挂上一条草绳，又被称为"忌绳"。如果生了男孩，就把辣椒和木炭插入绳内；生了女孩，就把松叶和松枝插入绳内。"忌绳"要挂满 21 天，一是告知亲朋好友家中添了新丁，二是禁止外人出入产房，以免惊扰产妇和新生儿。

　　等婴儿周岁生日这一天，朝鲜族家庭就更为认真和重视了，早早地就通知了各位亲朋好友前来赴宴，共同庆祝婴儿度过了人生道路上的第一个春夏秋冬。这一天，母亲会给孩子穿上一身精心制作的民族服装，男孩要

↑
抓周

穿用红、黄、绿、蓝等七种颜色的彩缎缝制的上衣，头戴福巾，下着绸裤。女孩则要穿彩绸上衣，下着红绸罗裙。无论男孩女孩，都要系上象征长寿的"生日带"，佩戴绣有各种吉祥字样、图案的生日囊，还要拴上银妆刀、银斧、银锁等各种佩饰。

穿戴完毕之后，接下来就是重头戏了。长辈们会摆上生日桌席，桌上摆放着白雪糕、打糕、松饼等各式糕饼，还有刀、剪、弓、笔、书、线、钱、算盘等小物件。随后，孩子便会被抱到桌前，在一声声的逗哄中，让他随意抓取桌上的物件，如果抓了笔或书，那将来一定学习好；如果抓了钱或算盘，那将来一定能挣钱；如果抓了针线，那将来就一定心灵手巧，这就是被赋予了象征未来命运的仪式——抓周。抓周结束后，还会把桌上的糕饼分赠给亲朋好友，让大家都沾个喜气，讨个吉利。人生中的"第一桌"，就这样在浓浓祝福和无限期望中圆满落幕。

喜庆之桌，说明人长成了，成家立业了，所以，婚礼是喜庆之礼。

婚俗，也是朝鲜族家庭礼仪中的一项重要组成部分。过去，朝鲜族曾长期实行"男归女家婚",即新郎在新娘家举行婚礼并留居若干年,而后再带领妻子儿女返回自己家中。而后,又创造出新郎在新娘家举行婚礼后只住两天,第三天即带领新娘返回新郎家的"半亲迎婚"等,婚俗复杂,礼仪繁多。直到20世纪50年代后,才演变成结婚当天就把新娘接回新郎家的"亲迎婚"。但无论婚俗如何简化,议婚、大礼、后礼三个程序却是万万不可少的。

议婚,也就相当于订婚,双方长辈要各自拿出男女两个人的生辰八字,请有学识的人看,如果不犯克,方可以成婚。若结果是吉兆,便择吉日,女方写成"涓吉书",通过媒人送交给男方。男方接到"涓吉书"之后,要立下婚书送至新娘家,如此才算缔结婚约。

婚礼当天,新郎需穿着民族服饰、骑着白马,以折扇半遮面到新娘家中接亲。随后,便要行"大礼"。"大礼"分为奠雁礼、交拜礼、合卺礼

↑
朝鲜族婚礼

三个部分，在新娘家举行。首先进行的是奠雁礼，新郎要诚心诚意地献上木质大雁，因古人认为大雁一旦丧偶，终身不再配偶，因此这一礼象征着白头偕老。

第二个程序就是交拜礼。厅中设一张交拜桌，新郎站东侧，与新娘隔桌对立，交拜桌上摆着青松翠竹、栗子红枣等物，交拜完成后，由伴娘将红线、蓝线编织在一起放到青松翠竹之上，新郎新娘用一分为二的葫芦瓢饮合欢酒，象征着两人从此同心同德、合为一体。这便是婚礼仪式的第三个程序——合卺礼。

合卺礼结束，新郎新娘走进新房，专为新人而设的筵席——"大桌"早已万事俱备。大桌上摆放着各色佳肴，其中最显眼的是一只嘴里叼着红辣椒、昂首而卧的公鸡，寓意着婚姻美满、生活红火。这"大桌"的吃法也有讲究，得先由新郎赋诗和对后才能享用。除"大桌"外，还要给新郎另上一个饭桌，饭桌上只放一碗饭、一碗汤。饭碗里放入三个剥了皮的熟鸡蛋，新郎不得全吃，要留给新娘吃掉，以示同甘共苦。

至于后礼，也叫币帛礼，就简单多了。在新娘家举行婚礼仪式后的第三天，一对新人要回到新郎家。在向长辈行完大礼后，会得到新郎父母的祝福。新郎父母也会向新娘扔大枣和栗子，寓意早生贵子。至此，婚礼仪式才算完全结束。

除了新婚仪式之外，朝鲜族还有着一项特殊的婚礼——回婚礼。顾名思义，这是朝鲜族夫妻为了回望纪念结婚60周年而举行的传统贺礼。在朝鲜族的观念中，按传统天干地支推算法，60周年被称为"周甲"或"回甲"，寓意长久吉祥，因此，回婚礼要比一般婚礼更为隆重。

能够举办回婚礼的老夫妻们除了婚龄必须达到60周年，而且还必须具备两个条件，一是须为原配夫妻，二是所生子女健在并没有犯法服刑者，只有这样，才有资格举办。在这一天，老夫妻要身着盛装，依次举行奠雁礼、交拜礼、合卺礼，接着共同享用丰盛的大桌，接受全村男女老少的祝福，气氛热烈而温馨。

2008年6月,朝鲜族传统婚礼被列入第二批国家级非物质文化遗产代表性项目名录,这一席满载着喜庆的大桌,也成了朝鲜族民俗风情的象征。

人到老年,要感谢生命,敬仰生命,这是感恩之桌——又叫花甲礼。

尊重老人,是朝鲜族祖祖辈辈流淌在血液中的重要情结。传说中,高丽时代的一个国王颁发了一条残酷的法规:人过60,不死就埋,称"高丽葬"。一位姓金的穷人把年过60的父亲藏在一个山洞之中,每天偷偷地给他送饭,始终没被人发觉。皇帝听说了"高丽葬"这件事,感到这条法规过于残酷,便给高丽王送去了三道难题,使他非常为难。山洞里的金老汉听到这个消息后,便告诉儿子如何解答这三道难题。儿子来到京城,向高丽王诉说了解题之法。国王听后,欣喜异常,究其出谋者,方知是一位年过花甲的穷老汉。于是,高丽王醒悟到老年人阅历丰富,是国家的

↑
祝花甲

↑
朝鲜族花甲礼

财富。从此，废除旧律，通令全国尊老爱老。那位金老汉于是得以重返家园，与家人团聚，安度晚年。

从此，朝鲜族把60岁看作人生道路上的分水岭，认为到了60岁人就又回到了人生的起点，要为年满60岁的老人举办隆重的寿宴——花甲礼，也叫回甲宴、还甲宴。

花甲礼主要包括摆寿席、献寿、放寿席、闹寿夜、分寿桌等多项流程，由儿女双全、三世同堂、礼仪兼备的妇女提前两三天就开始操办，并邀请德高望重的老人担任司仪。一到花甲之日，院子里便摆满了寿席寿桌。寿桌上有堆得高高的糖果、肉品、糕点和酒水，林林总总不下50种。桌子正中央还会摆放着一只叼着红枣的公鸡，象征着红颜长驻。花甲老人就端坐在桌子正中，背后是绘有松鹤图的屏风或幕布，寓意松鹤延年。仪式开始后，由司仪介绍老人的姓名、籍贯、生平。随着音乐声起，儿孙、

↑
延边博物馆

←
延吉朝鲜族民俗园

亲朋依次向老人磕头、敬酒、献寿。家人亲朋欢聚一堂，载歌载舞直至通宵达旦，以此为老人送上祝福。

三面"大桌"，新生、喜悦与感恩，也许对于朝鲜族人来说，这三面大桌，便涵盖了他们的一生。

对于初至延边的人来说，要想一次看遍"三面大桌"，延边博物馆是个不错的选择。来到这里，走进朝鲜族民俗展示厅，仿佛随时可以加入一场朝鲜族的生活仪式。抓周礼、婚礼、花甲礼等民俗，通过展示配以讲解员生动详尽的讲解，一幅浓缩了朝鲜族历史、民俗的画卷在眼前徐徐展开。如果还想要体验一把，那就去往朝鲜族民俗园，这里随处可见身着朝鲜族服饰的游客，漫步在青瓦白墙的院落里，亲手制作泡菜、打糕等朝鲜族特色美食，参与民俗游戏，邂逅多彩的民族风情，留驻往日时光。

06

口中味道承民心
——新兴园饺子、金氏过水手擀面制作技艺、牛马行牛肉饸饹

来吉林，真是好，吉林"味道"记下了；上车饺子下车面，天涯海角来相见。这是吉林饮食民谣。

"上车饺子下车面"是流行于我国北方地区的民间习俗。上车、下车分别代表远行和归来。在送人出远门时，吃饺子寓意财富和好运，希望对方旅途安好，长路当歌；在迎人回家时，吃面条寓意长久和顺利，希望与对方的感情恒常，祝贺平安顺遂。

一盘饺子一碗面，看似寻常的吃食里却藏着温暖而充满智慧的传统。吉林"这盘饺子这碗面"的故事，回味格外悠长。

在吉林，一提起上车饺子那可是大有文章。

↑ 新兴园饺子

清光绪年间，吉林省吉林市河南街，水陆交汇，店铺林立，繁华非凡。往来客商行色匆匆，吃饭图快，但绝不省事儿。与食客的特点相应，能在这条街上扎根儿的小吃摊位都有各自的绝活儿。董家饭铺就是其中之一。要说它最吸引食客的吃食是什么？不是大菜，而是一屉圆笼蒸饺。

董家饭铺是河北省冀县人董世昌于清光绪十九年（1893），在吉林河南街道东开办的，菜色简单，量足味浓，以蒸饺为主，胜在热乎乎的熨帖。清光绪三十一年（1905），吉林巨商、善人牛秉坤（别名牛子厚）为董家饭铺题匾"新兴园"。小字题跋写道："吉林船厂久有富春园，今董家粥铺乃吉林之新兴园——牛秉坤。"

这里的"粥铺"指的不是董家饭铺卖粥，而是称赞这家舍粥的善举。从1920年至1962年，因店铺易主或扩建，新兴园饺子馆曾几经更名，"新兴园"这块招牌都保留了下来。

一屉圆笼蒸饺迎八方宾客，至今已历六代传承，有多好吃？皮要展，馅要满。以新兴园的饺子为例，一绝是面皮，蒸饺皮采用的全烫面，待凉透再和面，这样做出来的面皮柔软筋道，没有白心，不伤胃；二绝是擀法，擀皮使用的擀面杖非同寻常。白案师傅用两根中间鼓肚、两头尖尖的细长擀面杖同时擀皮，双手用力，进退有度，让饺子皮在两个擀面杖下自动旋转，仅三五下就飞出一摞，这样做出来的饺子皮边薄、心厚、浑圆，再经巧手捏制，个个工整挺实；三绝是调馅儿，把猪精肉内的筋头全部剔除，用快刀剁成肉馅儿，放在大盒里，添加小磨香油，用小碗口粗的大面杖往一个方向使劲搅拌，边搅边调料，肉馅儿搅成糊状，漂浮着一层香油，再用白菜调味。刮起多余的油水，以鸡骨高汤入馅儿，上锅蒸熟既能存住汁水，又不腻口。总之，和馅儿、和面、双杖擀皮、包制、蒸制每个步骤都有门道、见功夫。

独爱素馅儿的食客，可以叫上一笼角瓜鸡蛋蒸饺，同样是汁水丰盈，不囊不涨，令人百吃不厌。在物产丰盈的吉林，还有时令的野菜馅儿，鲜甜的黄鱼馅儿，"杀口"的酸菜馅儿，再佐以几样小菜，把山的硬朗、江

洞见传承·人文吉林

的辽阔一并灌入腹中，众多香味还能泾渭分明。百年间，不变的是厚道的味道，变的是与时俱进研发馅料、精进技艺、更新花样，这就是吉林人持经达变的智慧。

中国人对食物的最高评价是依恋。中国人对饺子的亲近值当忙活这一番。尤其在北方，案板支起来面和上，馅儿还在调着的时候就知道这一天有点讲头：头伏、冬至、春节等日子一律吃饺子，考学要吃饺子，学业有成得吃饺子。最要紧的是远行之际，上车之前，垫补一顿饺子，把乡情和祝愿一并带上旅途。这一枚饺子，口味朴实，但寄托的感情浓烈持久，浸润了一代又一代人的心田。

而在吉林，吃饺子共享的还不止情感，更是情怀。

牛子厚曾在河南街请京剧名家梅兰芳吃饺子。准确地说，那时的梅兰芳刚从戏班出科。这一顿饺子，是对梅兰芳即将出发前往北京的祝福，也承载了沉甸甸的期待。这段往事是一个记号，印在吉林人的文化记忆里。

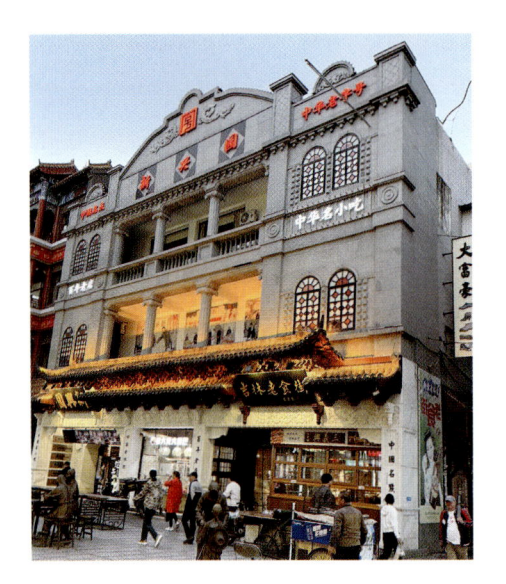

↑ 新兴园外观

↑ 牛子厚

2021年，喜连成大舞台在新兴园老店亮相，争相前来的有忠实食客，有忠实票友，还有希望从小培养孩子享生活、爱艺术的年轻夫妇。世代传承的老手艺、吉林饺子的好味道连同这家老字号里的吉林史话博物馆吸引了大批游客专程前来体验。从梅派的贵妃醉酒、张派的望江亭、马派的空城计到近年来的新创剧目，台上有演出，台下有票友，声声入耳，有唱有合。台上台下都有戏，一盘饺子散发出"京剧第二故乡"的文化自信，也满含吉林人对于文化艺术的钟爱。

紧接着"上车饺子"，马上连着的习俗就是"下车面"。下车，"见一面"，这又是怎么回事呢？

上车饺子下车面有一个隐含的联系，就是"回"字。"上"字与"下"字相对应，"饺"字与"面"字相对应，"子"字与"条"字相对应。饺子，包的动作和形状本身有"回"的意思。面条，庆祝归来，也有"回"的意思。完整对称，形成一个"回"字的闭环。从游客的角度来看，离开自己

↑
喜连城大舞台京剧晚会

熟悉的家乡来到吉林，便是"下车"。这时，"一碗面"恰能表达尊重和款待之意。

临近饭点儿，一条长队排起来，人们等待着一碗面条儿的出锅。这回，能把吉林人和游客聚在一道的是金氏过水手擀面。其制作技艺之精首先源于食材优质：面粉选自内蒙古河套地区日照长、昼夜温差大的优质红小麦面粉，通过筛面、和面、醒面、揉面、擀面、切面、煮面等10道工序，以确保面条儿筋道爽滑、色泽鲜亮，再配以东北满族盘酱和吉林长白山的特色食材，香味浓厚。

如果金氏过水手擀面吃的是筋道，那么另一道名场"面"品的是琳琅满目。始创于1906年的牛马行饸饹铺，最初只是一个很小的面馆，原名叫"饸饹龙须面馆"。1958年公私合营后，更名为"饸饹铺"。2019年，饸饹铺注册商标"牛马行"，至今沿用。

牛马行饸饹的地道、精彩靠的不仅是面功、好原料，更要有极佳的熬汤功夫。

饸饹铺师傅的培养就是要从熬汤开始，"过五关斩六将"，才可能有所成就。熬这一锅高汤，要等沸腾后不断续水，放入牛骨头，加入作料，待汤色亮黄后，再加入香菜、辣椒面。最后，将煮好的饸饹条淌入热汤中，一股鲜香就飘散出来，迎接归人。

再有一条，牛马行饸饹铺的饸饹是高粱面所制。近年来，为了保证源头味纯，吉林建立了高粱种植基地，自主生产，严格把关。

上车饺子下车面，老手艺传承到现在，不光香飘店中，也走进景区和校园等地。共享、赓续、创新，都是吉林开放包容的一个侧面。

饺子和面这种看似寻常的食物，总伴在人们左右。历史更迭，它在。悲喜忧愁，它在。功成名就，它在。送君千里，它在。盼君归来，它在。上车的饺子，下车的面，都是牵挂，都是纪念，都是某个希望记住的时刻。吉林的深情就在于对一地或他方的人都细致款待，让一代又一代人都知所从来。

07

并没远去的手艺
——吉林传统服饰和技艺

一顶帽子影响了一场战役,什么帽子有这么大本事?

1948年冬,辽沈战役刚刚结束,视野转到了华北,总部在北京的国民党军傅作义部,派出35路军镇守张家口,日夜监视着解放军的动向。这一天,派出的侦察部队大惊失色回来报告,说郊区出现戴着狗皮帽子的解放军。

不久之后,北平城和平解放。为什么一顶狗皮帽子,就能让35军上下惊慌失措呢?

因为这支解放军部队,戴的是一种带帽耳的奇特帽子,只有在冰天雪地的东北地区才配发。现在这种帽子出现在北平附近,只能说明,那支战无不胜的东北野战军进关了!

说起来,狗皮帽子与闯关东还有着动人而难忘的故事呢。

狗皮帽子,是东北人曾经的标志性形象。而这东北的标志并不是东北土著首创的。据传清廷放开东北以后,一些闯关东的汉族人对冰天雪地的冬天发愁,关内带过来的衣服穿再多也不抗冻,当时东北人最保暖的穿着无疑是皮子,但狐狸皮、水獭皮或者貂皮这种名贵皮子,偏又不是百姓家

↑ 戴狗皮帽子的老人

买得起的,再加上汉人不善狩猎,得不到野兽的皮毛,为了抵御严寒,只好用狗皮做帽子,度过漫长的冬天。

狗皮做帽子,皮毛细长,柔和绵软,贴身不扎人。狗皮帽子的里子是用布缝制的,帽圈有方形和尖形之分,也分帽耳和"小耳",冷的时候,就扎紧帽耳,下巴和脸蛋都能包在里面,抵御那刺骨寒风。如果不太冷,就把"小耳"撩起或把帽耳往上翻,扎在帽顶上。俗话说:"狗皮帽子没反正",是因为在帽耳扎在帽顶上时,帽子的前后都被长长的狗毛给遮住了,反戴正戴区别不大。帽遮或帽耳还有个小夹层,能搁点烟卷、火柴等随身的小东西。再加上各种颜色的狗都有,这狗皮帽子颜色多样,黑的黄的、白的花的,男女老少各有所选,很快就流行开了。

在吉林,有一条谜语:什么解下它不走,绳子一绑它就跑?原来,它就是护脚神器:靰鞡鞋与靰鞡草。

吉林一年1/3的时间都是冬季，零下二三十度是常态，大雪漫天漫地，滴水成冰，开水都能瞬间结成冰，酷寒是南方的朋友难以想象的。在严酷的大自然面前，人体的承受力是脆弱的，因此吉林人过冬有三件套：靰鞡鞋、狗皮帽、皮大衣，从头到脚一样都不能少。毕竟光护住了头还不行，也不能露着脚，一双保暖的雪地靴是必不可少的。

吉林人对鞋子分外讲究，而最保暖的，就是这皮子制作的靰鞡鞋了。靰鞡鞋，也叫"乌拉"，据传源自满语，有人解释说是"皮鞋"或者"皮靴"的意思。好的靰鞡，往往用牛皮来制作，尤其优先选择脊背部位的皮子，那里的皮肤从厚度、均匀程度、韧性来说，都是动物身上最好的部位；此外，鱼皮、马皮或者猪皮的靰鞡也比较常见。有了鞋，还得根据自己的脚型来缝上一些"配件"，装"皮耳子"，缝"提把儿"，配靰鞡带，缝靰鞡鞡，钉靰鞡钉，最后再絮上靰鞡草，这样才能让靰鞡鞋服服帖帖地穿在脚上。那些数九寒冬不得不出门的人，就是靠着它护住双脚。

过去说起"东北老三宝"，人参、貂皮和靰鞡草。这个靰鞡草就是野外杂草，却能跟人参、貂皮这些名贵的宝贝并列，就是因为在过去的吉林地区的生活中用途重要且便捷易得。靰鞡草要跟"靰鞡鞋"搭配使用，每年过冬，吉林人会提前割好并晒干靰鞡草，用棍棒反复捶打，令其质地柔软，如棉如絮，再塞进靰鞡鞋里，既保暖，还吸湿，对脚汗重的朋友极其友好，只要上床前把它从鞋里掏出来晾干，第二天就能接着用了。

在物质条件还很落后的年代，靰鞡草是普通人过冬的必备物品，更是不得不出门讨生活的民众的护身符，重要性不言而喻，也就难怪会被人称为东北三宝之一了。

皮匠，由于沤皮子，民间称臭皮匠，可是土匪都要敬三分，因为他们也穿鞋呀。

无论是做狗皮帽子还是靰鞡鞋，都得请皮匠。清末民初，东北地区尤其是吉林，就有很多外来的皮匠，他们通常都以做皮毛衣服或者是皮拖鞋为生，此外还有马鞍和皮鼓等。皮匠是一门技术活儿，话说："三个臭皮

↑
靰鞡鞋

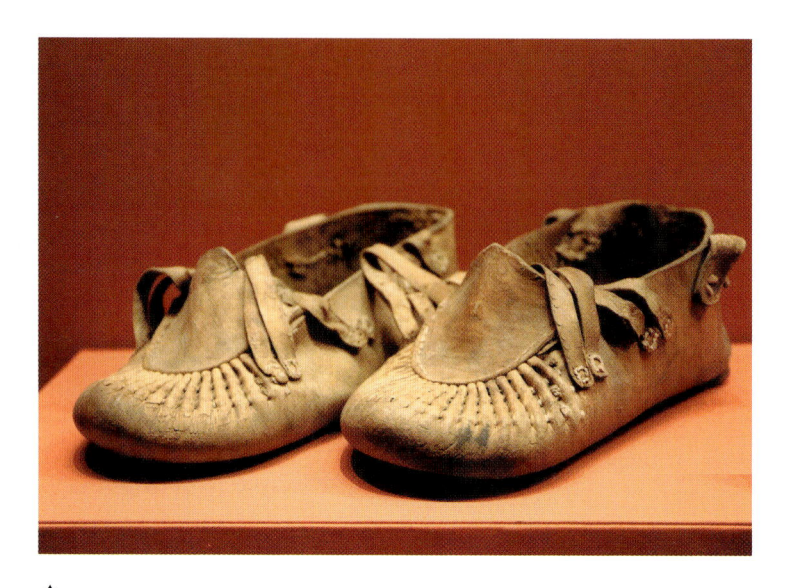

↑
靰鞡草

匠，顶个诸葛亮"，在传统的"三百六十行"中，皮匠也是重要的行当，他们不但双手灵巧，还有着常人所不及的能耐。据说胡子下山有几不抢，头一个就是皮匠，因为一个皮匠关乎东北人的过冬，从头到脚都跟他们有关，谁还能跟皮匠过不去呢。

做一顶合格的狗皮帽子，就很考验皮匠的功底，有经验的皮匠很有讲究，第一步就讲究取皮子的季节，杀狗要选在冬季三九，这时候的狗皮毛绒最为密厚，且不掉毛，既保暖又舒适。

另外就是"熟"皮子，"熟"得不好，皮子发僵发硬不说，还带着股腥臭气味，脑袋上戴不多久，热气一烘，那味能蹿得满屋都是，主人就要被取笑了，回头他就得把怨气发在皮匠头上，皮匠的招牌就算砸了。

要考验一个皮匠的本事，还有个立竿见影的比试——做鞭哨。鞭哨是吉林地区赶马车的一种鞭子，一把好的鞭哨甩出去声音清脆，声音能传几里远，而差的鞭哨甩出去声音十分沉闷，牲畜听了都提不起劲儿来。据老一辈的皮匠技艺传承人介绍，鞭哨是一个皮匠的试金石，而要做好鞭哨有三个诀窍。

诀窍一：选择合适的皮子。比如牛皮，有水牛皮、黄牛皮、牦牛皮和犏牛皮等，甚至还有公牛皮和母牛皮之分以及头层皮和二层皮的区别。要做鞭哨，一定要选择黄牛皮，最好还是母牛的牛皮，这是做鞭哨的皮匠多年总结的经验。

诀窍二：选择好牛皮之后，进行一系列的加工，最后将牛皮分割成小细条。另外，有经验的皮匠还有一道重要的油浸工序，即将小细条牛皮放在桐油中泡上一天一夜，以此锁住牛皮中的水分，即使经过长期暴晒，多年之后皮质仍能韧劲十足，不干燥不坚硬，历久弥新。

诀窍三：等油浸工序完成之后，还应该将小细条牛皮放在阴凉处阴干，时间也根据季节的不同有长有短，比如夏季天气炎热，阴干半个月就可以，而到了秋冬季节则要1~2个月。此时，阴干的牛皮制成鞭哨就变得有韧性，甩起来才会有清脆的声音。

一个好皮匠，凭一把脆蹦蹦响的黄牛皮鞭哨，甩起来啪啪作响，就是最好的活字招牌。这样的皮匠出品的皮货，能比一般皮匠出品的多穿好几年，尤其是鱼皮靰鞡鞋，越穿越结实，这样的皮匠也越发受人欢迎了。

今天，皮衣虽然渐行渐远了，可是皮艺却历久弥新。

随着气候变暖、科技发展，还有社会价值观的变化，越来越多的人开始关注动物保护和环保问题，对保暖的选择也多种多样了，对真皮产品的需求随之减少，狗皮帽子、靰鞡鞋逐渐淡出了吉林人的生活，穿皮装的人也越来越少，而传统的土法鞣皮，也早已被工业鞣制所替代。如今想要在民间找一顶正宗的狗皮帽子，或者一双用于穿着的靰鞡鞋，已经很难了。那些曾给千家万户带来冬日温暖的皮匠，也随着手艺的逐渐失传，淡出了民俗历史。

据说为了满足人们的怀旧情怀，留住吉林人久远的记忆，仍有商家用人工皮草取代狗皮，制作"狗皮帽子"，还很受外地游客的追捧，小伙子戴上一顶，顿时虎虎生风，小姑娘显得英姿飒爽，小朋友也越发虎头虎脑、聪明可爱，随便拍张照片发朋友圈，什么配文都不需要加，都知道是来东北了。

而真正的老皮货和工艺，则需要一番寻觅。如今，在吉林省安图县，老白山张氏皮铺里，还保留着由满汉传统皮制作工艺结合而成的独具特色的民间手工产品。张氏皮制作在汉族传统皮制作工艺的基础上，吸收满族皮制作工艺的一些方法和工艺，形成了自身的工艺体系。在具有近百年历史的老白山张氏皮铺展览馆里，能看到老张自己制作的各种皮制品——狗皮帽子、狐皮围脖、皮质大衣、皮质挂件、各种鼓皮等。

2009年，老张的皮匠技艺被列为吉林省省级非物质文化遗产。老张介绍，吉林人传统的服饰习惯发生了变化。皮艺在当代的应用，也从服饰转向了生活用品和装饰品，比如乐器上使用的鼓皮、年轻人追捧的皮雕等。目前，他一年最多能做到上万张鼓皮，皮艺也会以更多的形式存在下去，永不消失。

08

多彩霓裳，最炫民族风
——吉林少数民族服饰

百里不同风，千里不同俗。吉林是多元文化融合之地，56个民族在这片土地上劳动、生息、扎根繁衍，构成了一幅其乐融融的和谐画卷。民族服饰，作为各民族群体性记忆的代表，一针一线，一衣一物，勾勒的是历史，是文化，是人们对土地、家庭和社会的敬意，也是穿越历史长河，最为鲜活生动的写照。

我们看，白衣素服——白色是朝鲜族最喜爱的色彩。

"金达莱盛开的地方，生活着一群白衣民族"。作为我国的跨境民族之一，朝鲜族主要聚居在东北地区。其中，吉林延边是中国唯一的朝鲜族自治州和最大的朝鲜族聚居地区。早期，大多数朝鲜族人在这里过着男耕女织、自给自足的生活，所穿服饰面料也多用自己织造而成的麻布、土布等材料，因为染色工艺的落后，再加上朝鲜族自古崇尚风雅，因此传统服饰多以象征纯洁高尚的白色为主，呈现出素净淡雅的风格，因此才有"白衣民族"之称，"白衣素服"也历来被朝鲜族认为是美的象征。

而随着历史进程的发展，朝鲜族逐渐受到北方游牧民族的影响，在延续古代朝鲜半岛服饰特征的基础上，又融入了中原封建王朝的文化内涵，

洞见传承·人文吉林

↑
朝鲜族男子服装

↑
朝鲜族女子服装

文化风俗别具一格，也形成了具有鲜明地域特色的传统服饰文化，如斜襟、无纽扣、以长布带打结等。男女服饰则迥然不同，男子穿裤子，女子着短袄长裙。男装的裤裆裤腿都是宽幅，裤脚系布带，便于盘腿席坐；女子所穿的短袄长度及胸，长裙长及脚跟。

20世纪初，随着工业经济的发展，机织布和丝绢、绸缎等面料开始传入朝鲜族聚居地区，此后，朝鲜族服饰的颜色也变得多样起来。

朝鲜族女子的袄领子略呈圆形，衣襟和下摆呈弧形，袖子又肥又长，线条柔和。在袖口、领子及下摆上都会镶上不同颜色的宽边，花纹华美。短袄贴身，穿起来格外凸显女性柔美的身体曲线。裙子则大体分为缠裙和筒裙两种。日常一般多穿缠裙，这种裙子是用宽大的裙幅裹身，腰间用宽大的腰带扎紧，裙子下摆分叉。筒裙则多用作礼服或外出服，是缝合式的筒式裙子，腰间有许多细褶，上端还有白布做的背心相连。到了漫长而又寒冷的冬季，还要穿上用毛皮做里，用绸缎做面的保暖坎肩。

朝鲜族男子穿衣，除宽幅裤子外，还喜欢在上衣外多加一件坎肩，颜色多为灰色、棕色和黑色，外出时还要再加穿一件长袍，讲究合体与整洁。头上则多戴黑笠，黑笠顶为圆筒形，帽檐很宽，可以遮挡阳光。

朝鲜族的童装，虽然款式上基本与大人相同，但颜色就更为绚丽了。儿童的上衣多用七种不同色彩的绸缎裁制而成，名为"七色缎"，穿在身上好像身披彩虹一样，因此也被称作"彩虹袄"。因为彩虹是光明和美丽的象征，也意在祝福孩子们的未来充满美丽与幸福。

虽然如今朝鲜族的日常穿着都以常服为主，但在周岁宴、婚礼、花甲宴等各种重要的节庆活动中，他们都会身着传统服饰。为了满足年轻消费者的需求，在一代代设计师的改良之下，朝鲜族传统服饰也逐渐摆脱了固有服制的束缚，呈现出色彩各异、款式多样的特点。2008年，朝鲜族服饰经国务院批准被列入第二批国家级非物质文化遗产代表性项目名录。

如果想要近距离感受朝鲜族服饰的魅力，在长白山北麓，坐落着一座小城，这里生活着30余万朝鲜族同胞，无论是自然景观还是人文风情，都原汁原味地保留了朝鲜族文化的别样魅力。这就是延边朝鲜族自治州首府所在地,也是中国优秀旅游城市之一——延吉。在延吉市区的东南角,有一座占地 30 余亩的中国朝鲜族民俗园,这里由 40 栋朝鲜族民居组成,青瓦飞檐,古韵十足,当你来到这里,可以身着传统服饰,佩戴精致的首饰,化身朝鲜族"在逃公主",穿梭在白墙黑瓦之间,一路欢笑、一路打卡,留下关于"白衣民族"的别样回忆。

再来看吉林的蒙古族,那宽袍阔带——是蒙古族的最爱。

提起蒙古族服饰的历史,可以追溯到公元前 3 世纪的匈奴时期。在广阔草原上征战不休的马背民族,为了实用和保暖,以皮毛为主要材料,制作了长袍、坎肩、皮帽、皮靴等服饰。

后来,又受到匈奴、鲜卑、柔然、突厥、回鹘、契丹等民族文化的影响,吸收了中原、西方部分传统服饰的特点,产生了自己独特的服饰文化。其中,以宽袍阔带、色彩明亮为最大特点。

↑
蒙古族婚礼

蒙古族服饰的款式多样，总离不开首饰、长袍、腰带和靴子，多用棉、麻、羊毛等制成，以宽松、舒适、实用为主。其中蒙古袍是蒙古族男女老幼最常穿着的服饰，典型的蒙古袍两袖长而宽大，下端左右不分衩，领子较高，领口、袖口、衣边常用花边装饰。男子长袍一般为蓝色、黑色或棕色，下摆宽大，领口、袖口和腰部都有精美的刺绣。在长袍外还会穿上颜色鲜艳的短款马褂，外扎腰带。腰带多用棉布或绸缎制成，上面镶嵌有各色宝石，还要挂上蒙古刀、火镰和烟荷包等物。

女子长袍则多为红色、绿色和紫色，蒙古族女子还会身着长裙，上着紧身短上衣，上衣领口和袖口有刺绣装饰。她们的头饰是蒙古族传统服饰中最为绚丽的部分，有头巾、帽子、头带、头圈、辫钳、辫套、头钗、头簪、耳环、耳坠等，多用各色金银珠宝制成，色彩鲜亮、形状各异、寓意吉祥。

蒙古族性情辽阔，崇尚鲜明，服饰色彩也以红色、蓝色、绿色、黄色等"高饱和色"为主，红色代表热情和喜庆，蓝色代表天空和海洋，绿色代表草原和生命，黄色代表土地和丰收。在他们的服饰中，这些颜色经常出现在美丽的图案和花纹上，象征着草原的壮丽与生机。

服饰是穿在身上的文化，写在身上的历史，作为重要的非物质文化遗产代表性项目，蒙古族服饰代表的是一个民族的审美观念和生活习俗。如今，随着蒙古族服饰抢救保护工程的开展，"宽袍阔带"也已经成为民族文化交流的重要载体，得到了人们越来越多的关注和喜爱。

长袍马褂是满族先民非常喜爱的服饰。

在著名白话小说《儿女英雄传》中，作者几乎在每一章都用不短的篇幅极为详细地描写了满族的服饰。在收视火爆的清宫剧《甄嬛传》《延禧宫略》中，清宫美人们身着锦衣华服，翡翠镯、钗头凤点缀其中，行动间摇曳生姿，一幅宫廷图卷缓缓展开，在让观众大饱眼福的同时，也带动了新一波的旗装热潮。

满族服饰可以说是历史悠久、源远流长，可以追溯到满族的祖先女真人时期。主要以男子的袍褂，女子的旗装为主要代表，具备形制独特、色彩鲜艳、饰品繁多的特点。

满族男女老少一年四季都会穿着旗装，旗装多为圆领，前后襟宽大，两侧开衩，方便上马下马。满族男子日常多穿带马蹄袖的袍褂，马蹄袖就是袖子较窄且袖口呈现马蹄状的护袖，也是为了让从白山黑水之间走出的马背民族方便骑射演化而来的。袍褂外罩对襟马褂，腰束衣带，裤腿扎青色腿带，也被称为"绑带"。因为生活在高纬度地区，满族男子习惯于头顶上留辫子，剃去周围的头发，又被称为"金钱鼠尾头"，夏季戴瓜皮小帽，冬季戴皮质马虎帽。

满族女子多穿旗袍，装饰比男子服饰更为繁复。旗袍一般长及脚面，具有立领、右大襟、紧腰身、下摆开衩的特点。外罩坎肩，多用丝绸、花缎、罗纱或棉麻衣料等制成，在衣襟、袖口、领口、下摆处镶上多层精致花边。满族女子向来不缠足，以"天足"为美。"旗鞋"均绣着漂亮的

↑
满族婚礼

纹样，富贵人家还会以金银珠宝来装饰鞋面，鞋底中间垫有10厘米高的木质鞋跟，穿着这样的鞋走起路来，可谓是摇曳生姿，因而此鞋也被称为"花盆底"。上层社会的满族妇女在日常，或一般民间女子在结婚、祭祀等重大节庆时，通常会戴上旗头，满语称"答拉赤"，为扇形，长约30厘米、宽约10厘米，佩戴时固定在发髻之上，上面绣上图案、镶嵌珠宝或插饰各种花朵、缀挂长长的缨穗等，当真是富贵好看。

满族服饰多以红色、黄色、蓝色为主，色彩鲜艳，因为有尚白的习俗，也会常在旗装上镶白色的花边。无论是皇族还是老百姓，都喜欢在衣服上纹绣"福、禄、寿、喜""八宝、八仙"以及凤凰仙鹤、梅兰竹菊、龙狮麒麟等，象征着吉祥如意。

满族人也特别注重装饰，饰品极为繁多，头饰、腰带、鞋袜、珠串等都很有讲究。上层社会的满族妇女会戴钿子（一种青绒、青缎做成的饰有珠翠的头冠），还要插上各种各样的银饰，如压发针、花针、大耳挖子、小耳挖子等，并习惯于一耳戴三环。男子则会在腰上挂有男子有火镰、耳勺、牙签、眼镜盒、扇带等，制作极其精美、华丽夺目。在吉林市满族博物馆，就藏有一件"镇馆之宝"——清代点翠嵌玉凤冠。凤冠采用了点翠工艺，冠冕纹饰图为"二龙戏珠"和"双凤朝阳"，冠下嵌有展翅欲飞的七只凤鸟，口衔金丝链，链尾系有"蝙蝠"纹饰，意为"福在眼前"。历经百年，凤冠翠鸟羽毛的纹路和光泽还清晰可见，珍宝装饰也依然熠熠生辉，足以证明制作技艺的高超。

徜徉在民族服饰的花园中，每每拿起一巾一冠，一衣一鞋，仿佛就能洞见不同民族的厚重历史。这穿在身上的无字史书，在举手投足之间，一传，也就传到了今天……

漂流河灯情花灿
——松花江河灯

  三百余年前的一天，长白山林传来巨响，一批直径数米的红松木离开它生长的土地，由放排人驾驭，顺江而下，几经波折来到数百公里外的吉林城，奔赴造船的命运。抵御外敌的战船一艘艘造好、起航，前方捷报频传。在万丈豪情之外，很多放排人和造船者的生命就此画上了句号。与造船历史相伴而生，赶"鬼节"祭奠放排先祖亡魂，安抚百姓思念遇难先祖的心，这是松花江放河灯最初独有的历史印记。

  当造船厂退出历史舞台，松花江放河灯随之淡化了吗？近现代寄托美好憧憬的祈福仪式跟它有关系吗？你能想象这盏河灯破过世界纪录吗？

  冬天沿着吉林市头道码头、东莱门、玄天岭到临江游园，一路走过去，无论你是否生于吉林，都会发现这项民俗浓墨重彩的一笔从未停息。因为它连通的是脚下这片黑土地的深沉与青春。

  谁说河灯无言。听，它出生了，它在讲述着自己的来历。

  放河灯一说源于佛教"盂兰盆会"，又名"放荷灯"，多为超度亡灵。中国十余个民族乃至世界许多国家都保有施放河灯的习俗，黄河、长江等江河沿岸地区和江南水乡也有放河灯的传统，施放时间以农历七月十五中元节最为集中。与民间俗称"鬼节"的日子紧紧相连，让河灯天然具有了安魂、祭祖的沉重含义。

不过，与各地相较，即便是悼念，松花江放河灯也大有不同。一开始，它的出现就伴有坚船利炮的轰隆声。

六百余年前，1409年，一道从万里之外的南京发出的谕旨直抵吉林，掀开了此地设造船厂、经略东北的历史篇章。清顺治年间，一项浩大无比的工程再度启动，目标是在明代造船厂的基础上建设清代吉林船厂，设水师营。至清康熙年间，吉林已成为东北造船业的中心和战略要地。

1685年，清朝发动了著名的抗俄"雅克萨之战"，发挥至关重要作用的正是吉林水师和船只。然而，云帆高悬的战船之下，流淌的是一段血泪史。

↑
放河灯

造船需要大量木材，可木材都在离船厂数百公里外的长白山。为了保证供应，以伐木放排为生的"木把头"们便要连年冒着冬天零下40℃的严寒进山伐木，用马拉爬犁的方式将木材运送到松花江边，再串编起来，等入春开江之后，将这些木排顺江运至吉林城。

当时，松花江远不像现在这般"内核稳定"，而是水深流急，仅从上游天池到吉林城的三百余公里水道就有险滩上百处。"驾驶"木排的放排人和捞木接木的造船者一不小心就容易撞到岩石上，或在风高浪急处被翻入江中，因此遇难死伤者不计其数，一度造成人心不稳。

为了安定民心军心，自清顺治十八年（1661）起，船厂都统开始于农历七月十五中元节这天，在吉林温德桥头定期燃起河灯，并办道场，请北山寺庙僧人超度亡灵，地方政府也长年派遣官船大力支持河灯施放。此后，每年的中元节，家有亲人故去的吉林百姓，就到松花江边放河灯。同时，北山玄天岭的山头、山谷、山道、古庙也遍悬莲（荷）花灯。

↑
松花江河灯全景

松花江河灯最早的样子就从那时起刻在了老艺人的指尖里——清朝时的灯官侯庆山负责祭祀事务，其儿媳侯张氏熟练掌握扎纸花、剪纸等多种民间工艺，两人手艺互为增益。据侯氏家族回忆，最初的河灯是由糠灯而来，渔民将麸皮和荞麦蒸制定型成为平底前沿的小瓢式样，倒入植物油，装上点燃的灯芯就算完成了，主要供官船施放所用。

　　河灯入水，一时间，以吉林船厂为中心扩展至松花江两岸，江中灯火万点，在远山微光的照拂下，仿佛浩渺星空落入江中，"分不清哪是天上的星星，哪是江里的河灯"。

　　世代绵延不绝看它成长了，它长成了一种独特的北方手艺。是文化、习俗的代表性项目。

　　从北山庙或寺里出来，无论是许了愿的还是还过愿的，独自一人或是成群结队，人们都怀揣着一份虔诚和盼望聚到松花江边，在天色渐暗前，亲手把河灯扎制好，灯上写明死者的名字，画上图案，点起蜡烛，只等夜

幕降临，随时准备放河灯。

这是清乾隆三十四年（1769）的一天。吉林市巴虎门外，吉林省最大的佛教寺庙之一——观音古刹终于建成，盂兰盆会从此有了固定场地。当日，法台高筑、名僧云集、讲经达旦、场面盛大。同时，作为重要仪式的燃放河灯活动受到吉林人的格外重视。清朝时期曾任职于吉林的沈兆禔，在其所著《吉林纪事诗》一书中，就专门记录了放河灯的盛况："中元灯异上元形，会启盂兰灿若星。万朵荷花照秋水，可同佛火烛幽冥。"

清末，松花江放河灯已延续近百年，虽组织形式有所变化，但仍年年举行，规模不输以往，并未受到船厂水师营被裁撤的影响。更重要的是，松花江放河灯的氛围发生了根本性的变化。

当官船几乎不再入江开道，取而代之的是两个"大挂拉"（类似"驳船"）临时相接，之间铺设跳板，搭建彩楼，费用从官府支持改由寺庙布施所予。每次放灯时，两船载满各种河灯，逆水而上，行至江心，有"灯手"放灯。船在前，灯在后，蜿蜒水面。船停住，灯又超过船向前去，如绣带般缓缓展开。彩楼有僧人坐镇诵经，周遭锣鼓喧天、乐声齐鸣，人们竞相观看，摩肩接踵，欢声笑语，热闹非凡。早年间凄凄惨惨的意味早就淡化了。

中华人民共和国成立之后，松花江放河灯已经与吉林民间传统融为一体，远行的步子非但没有放缓，反而呈现更加旺盛的生命力，又向前迈出一步。

灯官们的使命完成了，新的耕耘由下一代接续。历经岁月更迭，侯氏家族整整四代人一直在守护河灯制作这门手艺，接力棒交到了侯庆山的曾孙女侯俊英这里，初期那种由糠灯改造的既费时又不经济的河灯早已沉入记忆。松花江河灯从材料、供需、式样到题材、寓意都是改天换地新模样。

河灯的材料由早先的麸糠、西瓜皮、苏油纸，到后来的木浆纸、毛边纸，再到木饭托、竹排底，以至塑料、丝绸甚至LED灯等新型材料，可谓包罗万象；工序被提炼为裁纸、造型、润湿、晾干、手工染色、粘合等完整的十多道；河灯式样除了传统式样的荷（莲）花形，还多了船形、鱼形以及塔形、西瓜形、葫芦形等，表达了一帆风顺、年年有余、平安顺遂、五谷丰登等更加丰富的寓意。每个时期新添的形状都凝结着吉林人对于生活的一种新的美好寄望。以侯俊英所制河灯为例，与吉林本地文化紧密结合成为松花江河灯更为突出的"身份标识"。

经过几代人的传承，吉林当地参与制灯的人越来越多，从全国各地来吉林买灯赏灯的人也越来越多，放河灯时间不局限于中元节，元宵节、北山庙会、七夕节等都是放河灯的好日子。松花江河灯由原来的祭奠"标配"发展成集剪纸、绘画、雕刻、造型、染色于一身的吉林民间工艺品，承载的更多是纳祥祈福、祝愿当下、期盼未来的美好生活追求。

2021 年 5 月 24 日，吉林省吉林市申报的放河灯（松花江放河灯）经

↑
河灯制作

国务院批准被列入第五批国家级非物质文化遗产代表性项目名录。历史再次将这项吉林民俗推入了新的发展航路，使之成为吉林民俗乃至经济社会发展不可分割的一部分。

光彩闪烁中，河灯漂来了，它盛载着久远而浓厚的北方民族敬畏和怀念先祖的情，在茫茫的大江上，漂流而去。

"砰——砰——"伴随一束束烟花次第绽放，天空陆续现出青绿、火红、淡紫、明黄的色彩。夜色完全暗下来，松花江面却明媚异常，举着河灯、扛着彩船的身影越聚越多，终于汇成一道，欢腾声在市民游客中此起彼伏。人们在心里默念各自的愿望，检查好一笔一画写在每片花叶卡片上的祝词，才将河灯放入江中。

选好放灯点位，卡好吉祥时刻，"龙头凤尾灯""雾凇龙灯"等最具吉林特色的巨型河灯与春、夏、秋、冬四季灯组，载着"五谷丰登、国泰民安"的祝福，缓缓驶在广阔江面上，11节99米长的游龙竹筏花灯在江中逆流而上，与顺流而下的河灯交汇，江岸风景做皮，无数心愿为瓤，一片盛世景象。

这一天不是中元节，也不属于南方的冬天，而是正月十五，正值凛冬、零下数十度的吉林。当大部分北方地区的河水冰封时，松花江吉林区段却能受益于上游丰满大坝的电力发热，成为终年保持零度以上的"不冻江"。同处松花江沿岸的大小城市不计其数，都有放河灯的先天条件，但能在冬天放河灯的，唯有吉林，能将放河灯发展为全民参与的冬游民俗和文化活动，也唯有吉林。

在冰天雪地、寒冬腊月也可以放河灯，又有满城烟火与之交相辉映，还能跟着传承人制作创意型河灯，因而吸引了东北其他省市乃至全国各地的游客冬季前来。

早在1987年3月，吉林市为庆祝全国第六届冬运会召开，就曾举行盛大的河灯施放活动，共计点亮1.7万盏河灯，与手工扎制的大型彩船和绚丽多姿的焰火表演一道，震撼了全国运动健儿和宾客游人。

九春

↓松花江上的河灯

↓放河灯

↑河灯节的烟花

↑放河灯

在 20 世纪 90 年代以来的历届雾凇冰雪节和 1995 年的全国第八届冬运会期间，吉林将特色文化和旅游活动与松花江放河灯这一特色民俗有机融合，都组织了大规模的河灯晚会，现场游人如织，游客亲手体验制作河灯、施放河灯的积极性与本地居民相当。

2012 年 6 月 25 日晚，300 名吉林市民用 10 分钟在松花江上燃放了 10121 盏流动河灯，被记入了《吉尼斯世界纪录》。那是中国·吉林松花江河灯文化节取得的佳绩。

十余年之后，2024 年，仅元宵节期间，吉林市民和游客就创下了施放 36999 盏花灯的新纪录。市民游客放河灯之余，还可看烟花、猜灯谜、逛文博，体验"套餐"频被更新。

穿越大江与时间，数百年间，小小河灯一直游走在天、地、水、光之间，游走在人们心里，又一直在延展自身的边界，充实着吉林人"激流勇进"的精神。透过这项民俗，人们可以感受吉林的城市性格，领略吉林民间工艺的传承与精进，也可以投身其中施展创意，"代入式"地走进吉林的"现代传奇"，读懂创新创造的活力、美好生活的追求和全民传承的行动，触摸一股蓬勃的文化脉搏。

← 放河灯

吉林庙会胜千山
——北山庙会

每年的四月初八起,横跨整个农历四月,吉林市乃至整个东北有件大事,吉林城西北的北山上下,人头攒动,车流如织,各教信众、各族民众汇聚一处,烧香祈福,求医问药,踏青游玩,家常采购,人数多达30万……这,就是东北规模最大、影响最广的庙会,有"千山寺庙甲东北,吉林庙会胜千山"之说的北山庙会。佛、道、儒、俗多种文化元素交融,汉族、满族、蒙古族、朝鲜族等多民族元素汇合,无论是在规模还是在风格上,北山庙会在中国北方都独树一帜,入选国家级非物质文化遗产,当之无愧。

北山庙会的特点是诸神云集。吉林北山,位于城区西北。据传北山原有九峰,如九龙嬉戏,清康熙年间曾名九龙山。山后有沟名卧虎沟,据传曾有猛虎卧于沟内。清康熙二十一年(1682),康熙帝东巡"龙兴之地"吉林乌拉,听说此地藏九龙一卧虎,又濒临一江天水松花江,蟠龙卧虎,尽显帝王之气,深感不安,命人将九龙山凿去数座,以破风水,九龙山也更名为北山。

"山不在高,有仙则名",主峰西峰270米、东峰海拔256米的北山,

洞见传承·人文吉林

↑
药王庙

↑
吉林北山公园

充分诠释了这个名句。被皇帝如此忌惮的地方，当有不凡之处，各路神仙也纷纷选作道场。清康熙四十年（1701），关帝庙始建于此。清乾隆三年（1738），药王庙建成，供奉三皇，下首为古代十大名医；坎离宫为道教道场，供奉日神、月神。清乾隆三十九年（1774），玉皇阁始建，供奉释、道、儒三教教主，还有如来佛、太上老君、孔子、梨园老祖唐明皇……庙宇从峰腰一直延续到山顶，建筑风格别致，至今已是一片有近300年历史的古寺庙群，呈佛、道、儒三教杂糅，民间诸神同堂供奉的格局，俚俗烟火气息浓郁，集中反映了清末民初东北地区的民俗风情。

北山诸神归位，成了市民百姓争相膜拜的圣地，也将庙会的规模、频次和内涵一再丰富，既是在寺庙举行礼神、娱神的特殊节庆，也是民间休闲娱乐的平台和商贸交流的集市，逐渐形成日后北方庙会的盛况。

说起北山庙会的缘起，那还要从关帝说起。北山庙会最早是清康熙四十年（1701）的关帝庙会，民间有句俗话"老爷庙还有三天呢"，说的就是为期三天的关帝庙会。这场庙会，充分体现了多种文化元素汇聚的特点。在中国人的信仰中，关帝很特殊，佛、道、儒、俗都供奉，在佛家里，他是伽蓝菩萨（护法神）；在道家里，他是荡魔真君、三界伏魔大帝；而在儒家里，他又是与孔圣人齐名的武圣人。俗家老百姓对他更是亲切，直接称呼他"关老爷"，满族人用满语敬称他为"关玛法"。

关老爷在东北广大满族聚居地威风一点儿不输中原，庙会还要请来戏班子，关帝爷抿髯仗刀，低吟长啸："大江东去浪千叠……早来探千丈虎狼穴"，台下万头攒动，一片叫好，不分满汉，休戚与共，关公已经超脱了时代、民族和宗教的差别，成为全民的偶像与文化符号。

由于吉林是吉林将军驻守的政治、经济、文化中心，又是各族聚居的交融之地，庙随城起，城伴庙生，随着寺庙的增多，一年四季各类庙会亦可谓精彩纷呈。历史上，吉林城春节之后的第一场庙会，应属农历二月十九"观音诞辰"，此时，东北大地冰雪未融，北风劲吹，庙会热潮尚

↑
年集

↑
祈福

在孕育。农历三月初三的胡仙堂会、农历三月十八的老郎庙会等也各具特色。

到了四月，进入吉林最好的季节，吉林庙会转入旺季，北山成了主会场，三场大型庙会尤其万众瞩目——四月初八的佛诞庙会、四月十八的娘娘庙会、四月二十八的药王庙会。

药王，是中国民间普遍尊崇的人物。人食五谷杂粮，焉得无病？所以自古药王庙很是红火。

尤其是农历四月二十八，闻名东北的北山药王庙会开始。正是花红柳绿的好时节，求神祈福、踏青赏春、商贾买卖各取所需。作为东北重要的药材集散地，全国的药商此刻正云集城中，庙会当日，茶棚、食肆、商铺沿着山路延绵不绝，杂技、秧歌、戏曲迎来一片喝彩，各族美食荟萃，更是勾出小孩子的馋虫。

山上庙中也是香火鼎盛，仙乐悦耳，人头攒动，热闹非凡。把"吉林庙会胜千山"演绎得恰到好处。

从清朝到民国，甚至伪满时期，药王庙会香火不绝，有了铁路后，每逢庙会，吉长（吉林—长春）、吉海（吉林—海龙）、吉敦（吉林—敦化）

↑
民俗表演

↑
瑞雪迎新春

三条铁路加开列车，半价接送，游人香客各处赶来，辽宁、黑龙江跨省前来许愿还愿、焚香祈祷、买卖交易的人数达30万之众。

庙会往往是大众的心灵释放地，也是一种民俗和文化的融合地。

北山庙会的很多活动都体现了满汉融合的多元文化。如北山庙会的祭祀活动"跳墙""烧替身"，既有满族色彩，又有汉族习俗。"跳墙"是家长担心孩子养不活，许到庙中当和尚。待孩子长到七八岁时，择一吉日"跳墙"：高僧剃发，自留头顶发，长凳代墙，僧人持棍撵孩子出庙，孩子则火速跳过长凳，跑出庙外，即可逢凶化吉，保佑平安。

可以举办这个仪式的，不只佛家寺庙，若有小孩自幼许关帝驾前马童，这种跳墙仪式，则在关帝庙举行。而娘娘庙里，更多的是"烧替身"。家有病患者，由家人用纸或布扎成人形，写上姓名，在庙会时祈祷并焚于娘娘庙前，意为此病孩已成为神佛弟子。回家后为孩子改名，以保平安。这种偷梁换柱的民俗，就叫"烧替身"。

逛庙会少不了一番采买。无论在哪个年代，北山庙会都有两种特色产品非买不可，纸葫芦和文明棍。尤其是小朋友，总要买两个纸葫芦带回家。这种价格低廉的手工艺品，色彩鲜艳，造型美观，背后还有祛病安康的寓意。毕竟葫芦是药王盛灵丹妙药用的法宝，请个药葫芦回家高高悬挂，这一年心里就踏实了。

成年人，更惦记着那一根北山文明棍。据说民国期间，三道码头铁匠铺的少掌柜留学归来，带回来一根铁文明棍，当时正逢民国初年，西学渐进，民风日开，手艺人竞相模仿，据说中华人民共和国成立前夕，当地制者已达近 30 户之多，文明棍款式也发展到近 50 种，产量 20 多万根。在北山庙会的大舞台上，文明棍被来自东北三省及关内的游人香客带去四面八方，声名大噪。

而农历七月十五，又是传统的中元节（民间俗称鬼节），旧时这天要在观音古刹举办隆重的水陆道场的放焰口。入夜，北山悬起千朵莲花灯，松花江上燃放河灯，繁灯点点，映照璀璨星河，天地相印，天上人间。

庙会，往往蕴含着大量经济活动，因为有"庙集"，有人的行为交流，当然更少不了民间艺术活动。

如今的北山公园，脚下有三湖，山上有古庙，亭台楼阁覆盖其中。峰峦叠翠，风景秀丽，春天赏花踏青，夏季避暑纳凉，秋天赏荷，冬季可观赏雪景，形成了独特的旅游风貌。而经过近 30 年的中断，20 世纪 80 年代，北山庙会延续传统并发扬光大。现在，北山庙会延续着数百年的魅力，吸引着八方大众慕名而来，游客们跨过两山中间的"揽辔桥"，进入九龙门，尝一支吉林文创雪糕，挑一挑被做成书签、冰箱贴、钥匙扣的吉林美景，品尝朝鲜族的打糕、烤冷面、满族的沙琪玛，欣赏秧歌、二人转、戏曲、马戏、杂技等各类民俗表演……

这个完全由民众自发创造、传承并光大的生活杰作，已经成为吉林的旅游名片，是集观光、美食、建筑、宗教、赏灯、雪上运动于一身的胜地与盛会。品味地道东北，沉浸式感受吉林民俗，北山庙会值得你为它买的一张车票。

人间烟火暖人间
——吉林各大早市及早市文化

30元？6元？真的只要1元钱？

一大清早，天都还没亮，吉林各地早市已人声鼎沸了。那亲切的集市乡音，已经流动起来，这边是"大鲤子鱼蹦蹦儿的""豆腐，哎，馍，哎，贰角五"的方言叫卖，那边是"工作压力大，来根不拿拿（香蕉）""大辣椒秋椒大地椒，炒个肉片，炒个土豆片，炒个蘑菇，剩下还能拌个小凉菜"的食用指南，还有"随便买随便选，怎么扒拉就是不急眼"的好脾气店主和"养好花走好路，儿子孙子辈辈富"的实诚建议。

欢乐、方便又实惠是吉林人钟爱早市的底层逻辑；低价格，高品质；低门槛，高品位；低姿态，高品格是吉林早市吸引各地游客蜂拥而至的核心竞争力。

老实说，来吉林旅行，要是没赶过早市，基本算白来。

在吉林，逛真早市，要赶在晨光之前。

中国很多地方都有早市。吉林的早市，源于传统的山东大集。但它之所以成为吸引全国各地年轻人的一道景观，原因有很多：首先是地方土特产，东北风土人情，特殊地理区位，共同锤炼出吉林早市的别具一格。

早市，标准读法都要再加个"儿"字，说："早市儿"，味道就对了。

吉林早市儿有多早？披星戴月，难以置信。盛夏七八月，白天长，凌晨三四点，天将亮未亮之时，许多南方地区的夜宵还没收场的时候，吉林人已经准备拎起菜篮、布袋奔向早市儿了。早市儿上，一排排熟食、糕点、蔬果、鲜肉码放得整整齐齐，摊主们早就收拾停当了。

为何这样早？首先要看吉林所处方位——中国东经和高纬地带，实际日出时间早于北京时间。夏季是一年中昼长夜短的难得时段，早晨是一天中最舒适的时段，夏天做事赶早不赶晚。

与东北其他城市一样，逛早市儿已是很多吉林人生活的一部分，几乎风雨无阻。就这样，大伙儿习惯了拨早起床时间，把赶早市儿作为一天的开始。

早市儿之早，还与吉林早市儿的第二个特色密切关联：城市是主场，农村或城乡接合部都是边角。

↑
集安早市儿

请记住，好早市儿，开在城市中央。

夏天，吉林早市儿多半从凌晨 3 点半持续到早上 7 点半左右，这期间，早市儿所涉街道暂时封闭，公交车改走别道，直到上午 8 点早市儿结束后，烟火气十足的早市儿迅速收拢撤出，街道交通秩序恢复如常，真像变戏法儿一样。

早市儿为什么要"盘踞"在城市中心？为什么没在城乡接合部等与农产品生产地更近的位置扎根？在吉林，无论是省会主城还是偏远小城，你都能看到这样有趣又特别的情景：现代化的集贸市场和超市、便利店都不能代替早市儿在人们心中的地位。

半自发性质的早市儿，生命力之顽强，与吉林的历史贡献息息相关。中国进入工业时代，吉林是新中国汽车工业的摇篮、新中国电影事业的摇篮、中国人民航空事业的摇篮，一度成为先驱。

↑
集安早市儿

吉林的许多城市是因工业、制造业、文化产业等的发展而兴起的，很早就塑造出快节奏的生活。在发展初期，当时的新市民中，有一部分是移居城市的农村人口，另一部分是从各地引进的人才。他们的日常采买需求是就近。在规模化商业聚落尚不发达的年代，早市儿的诞生如同及时雨，给人们的生活带来了极大便利，也调动并补充了城市新工商力量的积极性，加速了城乡间人口、资源、物产流通。

20世纪70年代，不少早市儿卖家都是提前收集自家菜园的新鲜蔬果，乘上通勤列车前往市区摆摊儿，东西卖光了还能在城里逛逛，购置一些生活用品，到晚上再乘着通勤列车回家。

买家是推动早市儿发展的关键一环。以重工业为经济支柱的年代，吉林许多城市居民都是车间工人或供职于国有单位的职工，最完整的空档是上班前，因而8点前要完成一天的采购。

↑
集市上的风景

如今，经济结构和工作节奏已经发生了许多变化，但吉林早市儿的传统依然生猛、鲜活、物美价廉，不断聚集着人气，散发着属于这片厚土的鲜活与欢腾。

新早市儿，天天变出新花样。

只要有早市儿在，人们就觉得踏实，心底的那一份乡愁就有所寄托。

琳琅满目的早点总能捕获第一波馋虫。一口热腾腾的油锅、一笼热浪翻滚的蒸屉，塑料棚子里支上桌子、摆上椅子，油条、包子、豆浆在各家定制版的吆喝声中变得更加诱人。这时，细心的食客还会发现一个有趣的现象：

吉林是中国重要的水稻产区之一，面食而非米制品却占据了早市儿的大半江山。老面馒头、糖三角、油饼、韭菜合子、馅饼、油炸糕……吉林各个早市儿上都上演着花式面食大竞技，其品类之丰富、品质之优良丝毫不输主产小麦的华北地区。这样的早餐习惯其实与吉林的人口结构密切相关。

清朝中后期至民国的时间里，大量山东人、河北人通过"闯关东"来到吉林并落下脚来，更新了吉林的人口和社会格局。面食便是北上的中原人保留下来的老手艺和老口味儿。

供给新鲜的蔬菜水果是早市儿不可忽视的强大功能。东北油豆角、大地柿子、酸菜、芹菜、蒜苗、茄子、辣椒、黄瓜一摊接一摊，还有口感酸甜的李子梅、香甜的姑娘果、可以连皮带籽吃的东北香瓜，很多都是从自家菜园运来的，挂着露珠，亮堂堂的。

再有成排的卖肉铺子，猪肉、牛羊肉、鸡鸭等应有尽有，松花江的活鱼、东北蚕蛹、干豆腐以及直接烀最好吃的东北苞米、黏糯热乎的朝鲜族打糕，尽可以随意挑选。人们行走其间，稍不留神，就得花眼，选择困难时索性各式各样都来一点儿。

不过，除了高度的一致性以外，吉林各地的自然禀赋也在早市儿中得到了充分显现。

几乎每个吉林人都有钟爱的早市儿，外地年轻人的探索也正在拓展新的地图。沿着早市儿游吉林，任谁都不会失望。

洞见传承·人文吉林

↑
延吉水上市场

↑
延吉水上市场早市儿特色美食——打年糕

　　在长春东岭南街早市儿，传统的计量单位不复存在：肉按"半头"起卖，蔬菜装麻袋出售。初来乍到的外地人要在早市儿上临时摆摊儿，按"捆"、按斤来卖，可能会很扎眼。与这种豪放风格相对，鲜花的芬芳又带给了早市儿另一种性格。逛一圈下来，最特殊也最可理解之处就在于粗犷与精细，强壮与娇柔皆能融为一体。

　　在吉林珲春街早市儿，很抢手的馇条是现压的，入口前加上一碗原汤，再配上特色调料，香气立马升级。这里的煎粉，令无数身在他乡的吉林人魂牵梦萦。

　　通化市集安早市儿辨识度很高，应季山珍应有尽有。各色蘑菇、山野菜、松茸以及大个儿榛子非常松弛地躺在摊位上。长满苔藓的湿润树皮里，包裹着新采的林下参，等着识货的人出个好价。这些在别处昂贵的珍品，在集安当地是百姓餐桌上常见的食材。

　　延吉水上市场位于延吉市延集河河畔，是延吉市最大的早市，也是能够体验当地民俗风情的好去处。

↑
延吉水上市场早市儿特色美食——泡菜

  延吉水上市场主要以朝鲜族特色美食为主。无论是鲜嫩的山野菜、酸甜适口的泡菜、软糯的米肠，还是清甜的米酒、鲜美的牛肉汤都被市民和游客清晰标记成"高级别美味"。

  到延吉旅行，许多人打卡的第一站便是在凌晨4点赶一赶这个宝藏早市儿。许多游客在品尝过正宗的朝鲜族风味后，还会选购一大批特产带回家与亲友分享。

  长白山二道白河镇集市上的所有货品，看似无章，实则有序。人参、灵芝等长白山的特产，经采摘、清理、打包、上市，没什么烦琐的程序，但保管干净、实惠。

  松花江沿岸的早市儿特别值得一探。这里的"三花五罗"因为生长周期长，拥有绵甜紧实的肉质。"三花五罗"之首的鳌花，就是冷水鳜鱼。北国之地，与鳜鱼搭配的不一定是桃花流水，但同样有上等的鲜美。

  从早市儿这头儿走到那头儿，浸在一阵阵吆喝声中，从忙碌的交接上，从最朴素的面庞里，看到的是最踏实的生活。

洞见传承·人文吉林

↑
延吉水上市场早市儿特色美食

　　早市儿的物价亲民，因为贴近游客的心。

　　早市儿烟火气的另一大体现是物价便宜。有多便宜？这么说吧，如果你只是来吃早饭的，五元钱保吃饱，十元钱，保吃好。如果你是吃早饭加上采买特产，50元也基本能封顶了。

　　一碗豆腐脑、一块油炸糕、一块苞米面贴饼子五角钱，一张韭菜合子、一张肉馅饼八角钱，一个鸡蛋汉堡两元钱，一碗羊汤五元钱……如此夸张的物价真实存在。外地游客一次次发出"不可思议"的惊叹，吉林人却淡定而爽快地应下购买需求。

　　四季轮回，照着早市儿的启与歇。在这里，卖什么，赚多少，都变得不那么重要。各式各样的人在摊位前挤来挤去。有时买卖双方要经过一番激烈的讨价还价，一旦成交，又完全忘了片刻前的争执。大家都是赢家，人与人之间最真挚的互动，莫过于此。

　　在物质极大丰富的今天，那些时常闪现于脑海中的灿烂与丰饶，那些以低物价睥睨全国大集市的吉林早市儿，依然闪耀着温暖而厚实的力量。

朱明

北纬 40°52′～46°18′，是世界黄金水稻带、世界黄金玉米带、世界黄金酿酒带。

吉林，就在这一纬度带内。

夏季，正当960多万平方公里的其他地方在被热浪侵袭之际，吉林却显得格外惬意。森林、江河、山脉……都是吉林的"冷空调"。在这里，22℃的夏天触手可及；在这里，一年中色彩最丰富的季节正悄然开启。

吉林的夏天，是湛蓝色的。一年当中，除去雨雪天气，吉林的天空多半都是青蓝色。松花江、鸭绿江、图们江，东部松花湖、西部查干湖，江河浩荡、水网密布，有如云山之蓝，是大自然的造化钟神秀。在明净的天空映衬下，清澈透亮，沁人心脾。

吉林的夏天，是碧绿色的。千里碧水万重山，西风吹上碧梧枝。长白山的松涛林海、净月潭的森林浴场，高达45.2%的森林覆盖率，无论是走在山野田间，还是街头巷尾，映入眼帘的都是层层叠叠的青翠之色，浓淡相宜。

吉林的夏天，是霜雪色的。东方既白，向海国家自然保护区的丹顶鹤、莫莫格国家级自然保护区的白鹤、四海湖国家湿地公园的大雁，还有长白山现存全球不足3000只的中华秋沙鸭，在这片山水之间嬉戏、觅食、求偶，每当振翅高飞之际，在夏日霞光中犹如霜雪漫天。至于银鳞雀跃的松花湖"三花一岛"，松花江"三花五罗十八子七十二杂鱼"……更是食客老饕眼中的无上美味。

吉林的夏天，是朱红色的。落日熔金，叶赫那拉城的古城墙矗立不语，在如血的残阳中愈显生动。华灯初上，夜市的各色招牌斑斓交错，天南地北的美食香气四溢、琳琅满目，叫卖声、交谈声、嬉笑声此起彼伏，霸道占据嗅觉、味觉和听觉，成为记忆中喷薄而出的鲜亮色彩。

吉林的夏天，是五颜六色的。56个民族在这里劳动、生息、扎根繁衍，雪白、魏紫、绯红、缃色、靛蓝、碧落……不同的民族，身着不同的服饰，自远古而来，在举手投足之间，在吉林的每一隅，姹紫嫣红恣意绽放。五月节、抓周礼、回婚礼、花甲礼，在人生的每一个重要节点，都由他们书写下独属于本民族的独特注脚。

"一年好景君须记，正是橙黄橘绿时。"来吉林吧，看它的蓝浸润如水，看它的绿千重万重，看它的白如虹贯日，看它的红似火流金；看它的湖海山川，看它的星河浩瀚，看它是否存在于你最清澈的梦里。

↑ 端午节的香包

五月端阳，情满意满
——满族端午节习俗

随着早春吉林的走势，夏季也迅速来到了吉林大地。与夏季一同到来的是五月初五，端午节。因五月属午，仲夏登高，顺阳在上，故又被称为端阳节、夏节。这个节日本是上古先民创立用于拜祭龙神、祈福辟邪的节日，与春节、清明节、中秋节并称为中国四大传统节日。

吉林是满族文化的发祥地，满族也过端午节，在每年的农历五月初五举行，又被称为"五月节"，满语叫"孙章阿 以能以"（sunjangga inengi）。虽然与汉族的端午节是同一天，但过节的意义与习俗却截然不同。

关于端午节的由来，华夏大地说法甚多，有纪念屈原说、纪念伍子胥说、纪念曹娥说、起于三代夏至节说、恶月恶日驱避说、吴越民族图腾祭祀说等。传说中，满族过端午节也是为了祭奠一个人，但不是屈原，而是一位年轻的姑娘，她叫年息。在满族的神话中，年息姑娘曾帮助不少满族人医治顽疾，谁知火神看中了她，便要强娶她为妻。年息宁死不从，结果被活活烧死。但是火神没有想到，随着她的骨灰撒遍山间田野，遍地都长出了艳丽无比的杜鹃花，所以，满族百姓又将杜鹃花称作年息花，在五月初五祭奠年息姑娘，也就成了代代相传的吉林入夏的习俗。

朱明

↑
牛皮杜鹃

↑
放在竹篮里的新鲜艾草

    来到五月初五这天，家家户户更是从天刚蒙蒙亮时就忙活开了。在满族人的口口相传中，那天要用早晨的露水擦洗眼睛，便可以明目，如同圣水一般。于是人们便会在太阳出来之前，先把香包放在沉睡的孩子们的枕边，然后紧赶慢赶去野外采摘还带着露水的艾蒿、防风、年息香等，再成群结队地到河边去洗眼睛、洗脸。这时，家里的孩子们也被闹腾醒了，母亲就会端来一盆煮过艾蒿的水让他们洗脸，据说不仅能避免生疮疖、闹眼病，还能保耳聪目明。

    民谚说："清明插柳，端午插艾。"在满族人的传说中，也有这样一个故事：一年五月初五，天神下凡体察民情，他装扮成卖油翁吆喝道，"一葫芦二斤，二葫芦三斤"。大家争相购买，只有一个老头儿自己不买，还告诉老翁账算错了。等油卖完，卖油翁告诉老头儿说，"你是好人，今夜瘟神降灾，若在房檐插上艾蒿，就可躲过灾疫"。老头儿听后，挨家挨户告诉人们，家家都插上了艾蒿，瘟神无法降灾，人们都得救了。从此，端午节插艾蒿的习俗便传了下来，家家户户在这天都要洒扫庭院，在院门前和房檐下插艾蒿。就像孩子们的歌里唱的那样："粽子香香厨房，艾叶香香满堂，桃枝插在大门上，除病祛邪快乐又安康。"

插上艾蒿后，今天要准备的吃食也不少，不同于汉族的糯米粽子，满族的端午粽子是用苇叶包裹的黄米小枣粽子，许多人家还会把江米、黄米与小枣包在一起，俗称二米粽子，只要吃上了粽子，就算过上了五月节。此外，还会包一种五彩粽子用以祈福禳灾。五彩粽子的内壳是用硬纸叠成的，一般在2厘米左右，有方有圆，有大有小，再缠上五彩丝线，连成一串。有手巧些的，还会用绫罗制成"五毒"图，即蝎、蛇、蜈蚣、壁虎、蟾蜍，或缝制成桃、柿、橘等各种果蔬造型，与五彩粽子一起佩戴在身上，好不鲜亮。

根据历史记载，满族入关后，清代宫廷过端午节，在粽子这件事上，也是从不含糊的。自五月初一起，宫内帝、后、妃、嫔的膳桌上就开始摆粽子。五月初五这天，皇帝桌上会摆放1276个粽子，皇后桌上摆放400个，皇太后、皇贵妃、阿哥、公主、福晋等人的餐桌上，共摆放粽子650个。不但粽子多，馅料也很丰富，有枣粽、果粽、澄沙粽、奶子粽等。如今，在故宫博物院还藏有一幅意大利画家郎世宁秉承乾隆帝旨意绘制的《午瑞图》，图中有几个呈三角锥形的粽子，与现在的粽子几乎一模一样。

↑ 黄米粽子

朱明

  为了这一天，家庭主妇们更是从一个月之前就开始攒鸡鸭鹅蛋，然后放进艾蒿水中煮熟，据说吃了身上不长疙瘩。长辈们还会把五月初一以来下的蛋单独留出，放在小孩肚子上不断来回滚动，然后让孩子们去壳吃下，据说可保一年不闹肚子。

  满族喜欢葫芦，因为葫芦含有"福禄"之意。常常在四月末，巧手的媳妇或姑娘就会用红色毛边纸剪成葫芦形状，再剪出"五毒"图案，象征着镇邪的葫芦把"五毒"均收入肚中给镇住了。还有剪钟馗的、老虎的，花样繁多。五月初一贴出，五月初五午时摘下扔掉，意为"扔灾"。

  胡人便于马，越人便于舟。满族起源渔猎，利用节日普及自然生活常识也是满族习俗的一大特点，端午节也不例外。孩子们常常喜欢玩一种叫"斗百草"的游戏：游戏双方相对站立，各持草或花茎的两端。游戏开始后，二草相勾，双方各自把草向自己的方向拉，谁的草或花茎被对方拉断谁为输，能"斗"倒各种花草的"选手"，则是大家公认的"百草王"。

  除了妇女和儿童，满族男儿在端午也有自己的习俗和活动——"射柳"。早在辽金时期，满族先人就有在端午节驰马射柳、打马球的习俗，一直流传至清末。《大金国志·卷三十九·初兴风土》曾记载："其节序，元旦则拜天相庆，重五则射柳祭天。"每到端午节清晨，先取一段柳树干，削去中上部青皮处，露出白心，作为靶心，随后各参赛者依次纵马拈弓射白心处，一直到射断柳干后，纵马接断柳在手者为胜。据说"射"也隐含有"获得""拥有"之意，因此只要射中了柳，就意味着可以获得一切。

  除了射柳，还有一项更为激烈的运动——打马球。元代《析津志》云："太子请诸王于西华门内宽广地位，上召集各衙门万户、千户、怯薛能击球者，咸用上等骏马，系以雉尾、璎珞，萦缀镜铃、狼尾、安答海，装饰如画。"五月初五这日，骑手们纵马奔驰，在马背上挥杆击球，争夺激烈，场面何其壮观。

  满族端午节还是一个家庭团聚的时刻。根据记载，在这一天清廷的

洞见传承・人文吉林

↑
清代射柳图轴，北京首都博物馆收藏

←
清代黑漆嵌螺钿人物倭角方盘《射柳》，北京首都博物馆收藏

"第一家庭"要开"粽席",用膳食。皇帝要挂五毒荷包、喝菖蒲酒,赏众人喝雄黄酒,使用的是带有"艾叶灵符"纹饰的餐具,膳后用桑葚、樱桃、茯苓等适时的鲜果。民间则就简单多了,在这一天,满族人无论身在何处,都会回到家中与亲人团聚,一起包粽子、挂艾蒿、滚鸡蛋、逛庙会,度过一个欢乐而温馨的节日,在忙碌的生活中找到了片刻的宁静与慰藉。

"五色新丝缠角粽。金盘送。生绡画扇盘双凤。正是浴兰时节动。菖蒲酒美清尊共。"如今,每到端午节,吉林省博物院、伪满皇宫博物院、吉林省自然博物馆、吉林市博物馆都会推出一系列活动,邀请市民、游客来到"博物馆里过端午"。人们齐聚一堂,敲起八角鼓,跳起秧歌,举行萨满祈福仪式,还能体验剪纸、面塑等传统手工艺,品尝满族传统食品,参加嘎拉哈大赛,将"传统风"伴随着悠悠粽香,带回每个人的身边。

02

万般滋味布一方
——延吉冷面、锅包肉、煎粉、
松原蒙古族馅饼

盛夏,40℃的灼热炙烤着大片土地,中国大部分地区进入"战高温"阶段。此时的吉林,却没有"同此炎热"。地处北纬42°黄金带,拥有高山、湖泊和森林等天然调温箱，吉林每年夏季的平均气温22℃，白日不炙，晚风清凉，蝉鸣阵阵，蛙声起伏，是难得的避暑胜地。

在如此气候中，"苦夏"？不存在的。

"冷面孔热滋味"，你信吗？不信你就先听故事，然后来吉林体验一把。

夏季，冰爽之物的地位格外高。在吉林，冰块单单加入饮品中是太过寻常的选项，必须跟延吉冷面一道，才算有个正经去处。与全国各地用冷水淘洗熟面条儿的做法不同，吉林人迷恋的冷面真有实诚的冰疙瘩，端上桌还能感到一丝凉气。炎炎夏日间，从冰碴儿里捞出的这一口冷面，微甜微辣，透心清爽，以犁庭扫穴之力横扫燥热，任谁都难以拒绝。

说到去哪儿吃，可能整个东北都有个共识，到吉林省延边朝鲜族自治州吃延吉冷面，是值得奔赴的避暑行程。

据史料记载，朝鲜半岛的平壤和咸兴地区是冷面的发源地。平壤冷面是汤面，咸兴冷面是拌面。19世纪中叶，朝鲜学者洪锡谟用汉语撰写《东国岁时记》，在其中记有："用荞麦面沉菁菹、菘菹和猪肉，名曰冷面。"可见，最初的朝鲜冷面使用的是荞麦面，配以萝卜泡菜、白菜泡菜和猪肉。

19世纪至20世纪中叶，随着朝鲜族逐渐迁入并定居东北地区，朝鲜族食俗的喜辣、喜鲜之风也传入东北。朝鲜冷面就是其中被迅速接纳的一道美食。延吉市作为中国吉林省延边朝鲜族自治州的首府，位于吉林市东部，与朝鲜国接壤，其朝鲜族人口占我国朝鲜族总人口的42.3%，延吉的饮食习惯带有浓厚朝鲜族特色，同时融汇了汉族的饮食口味。因此，由朝鲜冷面衍生而来的延吉冷面，与朝鲜族最为传统的冷面有所区别，真正代表了吉林气质和创造力。

从外观来说，朝鲜冷面的配菜讲究摆盘婉约、精致，而延吉冷面配菜的摆放风格则相对豪放，诠释了东北人的直爽性格；从口味上来讲，朝鲜冷面比较清淡，汤汁色泽淡，而延吉冷面的汤汁呈浅酱色，且加入了辣椒，口味更热烈。

朱明

← 延吉冷面

　　汤汁，是延吉冷面的灵魂，有清汤和荤汤两种。所谓清汤，是以冰水为底，加些白醋等调味即可完成；荤汤则将冰水换成晾凉的牛骨汤或牛肉汤即可。不过，即便是荤汤，汤汁也十分明澈。这是因为在煮汤底时，通常会选用牛腱肉等脂肪较少的部位。耗费一天时间熬汤的过程中，除葱、姜、蒜等辅料外，还会加入青萝卜和胡萝卜来吸油提香。这样一来，大块的牛腱肉，经慢火炖煮，消融于锅中，释放出浓郁气息。待滤掉杂质，晾凉备用，或直接放入冰箱冷藏。冷却后，将牛肉汤表层薄薄的牛油撇去，再舀一大勺浇在冷面上，别提有多鲜美了。

　　冷面的面，通常有荞麦面、小麦面、玉米面等多种选择。夏日最受欢迎的，还是荞麦面。灰褐色的荞麦面经煮熟过水后，十分顺滑弹牙，柔韧、不易夹断。因此，延吉冷面也叫作"长寿面"，是朝鲜族为60岁老人举办生日宴"花甲礼"上的重头戏。此外，正月初四吃"长寿面"，也发展成为朝鲜族的传统习俗。

面和汤具备，能体现延吉冷面独到之处的是"浇头"。延吉冷面的配菜有牛肉、苹果、黄瓜丝、鸡肉丸、鹌鹑蛋（或鸡蛋）、腌菜和辣酱，不同组合能够造就不同程度的酸、甜、辣、凉的丰富口感。牛肉厚约1厘米，既有嚼头儿又不磨牙；苹果可以根据季节变换选择不同品种，吉林特产的苹果梨也是上选；冷面腌菜的作用与朝鲜辣白菜有些相似，但制作方法很不相同。腌菜通常使用圆白菜，将其切丝后加入盐、糖、葱蒜末、辣椒面等搅匀，只需腌制一天就可食用，制作周期远远短于辣白菜。

在滑嫩爽利的面条儿中加入色清味浓的牛肉汤，再加上各色配菜，像顶着华丽的帽子一般盛装出场，最后来块冰碴儿一激，小食也有了大排场。此刻不必着急，要想像吉林人一样懂冷面，就坐下来先喝汤，于冰爽之中品味从酸和甜过渡到咸和辣的完整过程，充分享受各种滋味在口腔中错落起伏。一碗下肚，暑气哪还能存得住？

22℃夏天的吉林，人人都想来避暑，可是，这里的规矩是避暑不避热滋味。

在吉林省域内外，如果看到一碗冷面上整齐码了一排锅包肉，你就知道：吉林风格，来了。

近几年，延吉冷面的配菜有了新花样，用几片锅包肉做"搭子"成了新标配。延吉冷面与锅包肉，一冷一热，碰撞组合，看似大相径庭，实际和谐互生，吉林人讲究的就是反差与跨界。将外酥里嫩的锅包肉半浸在冷面汤里，或是整个滚进汤中，令其吸附冰汁，再趁着势头咬上一口，四溢的酸甜裹挟着丰盈而来，两道美食的精髓不冲突、正相合。

锅包肉，原名锅爆肉，清光绪年间创立于哈尔滨道台府尹杜学瀛的厨师郑兴文之手。通常是猪里脊肉切片腌制，用炸浆包裹，放入锅中炸至金黄色，然后另起锅，加入特制的酸甜汁翻炒而成，在吉林、黑龙江、辽宁、内蒙古都各成一体，十分流行。

吉林本地的锅包肉，据考证起源于清道光元年（1821）吉林富春园饭庄创店招牌菜"辣瓦肉香"。此菜肉片薄且大，经油炸后形如金色琉璃瓦片，整体口味偏酸甜，与现在的锅包肉不同的是，有一些干辣椒。由于吉林属重要官方机构经常和外国人打交道，故而慢慢将菜品中的这丝辣味去除，逐渐演变成今天老少皆爱的酸甜酥脆"锅包肉"。吉林人甚至为这道菜举办了世界级赛事，还准备成立"锅包肉办公室"，可见对"锅包肉"偏爱之深。

如果说锅包肉和延吉冷面还是不同民族、地区文化和饮食习俗交融的产物，那么，吉林煎粉和松原蒙古族馅饼就是地地道道的吉林省小吃了。夏季夜市少不了它们的点缀。

由民间小吃演变而来的吉林煎粉，已有数百年历史，据传自清朝就在街市上自成一品了。

制作吉林煎粉的原料易得，就是绿豆淀粉，将其加水搅拌成糊，迅速摊到特制的铁板上加热，待淀粉糊凝固成皮后，切成条块状，再放入油锅中炸至金黄色，最后根据个人口味撒上调料和酱汁即可。刚出锅的吉林煎粉外酥里嫩、入口即化。同时，不同的商家会根据自己的配方，展示调味方法，有的放入蒜末、香菜末、浓汁，有的调入辣椒酱和麻酱，为这道美

← 锅包肉

食增添了丰富的风味。夏日晚间闲逛，远远看见人群中冒上来的热气，就是街边煎粉摊的魅力了。

　　同样传承了几百年的松原蒙古族馅饼源出吉林省松原市，是当地蒙古族同胞的发明。馅饼饼皮使用荞麦面，馅料选用当地的牛羊猪肉，经过一番干烙水烹制成，以其面皮薄、馅细为特征，形如铜锣，外焦里嫩，透饼见肉色香味俱佳。老饕们善用筷子撑开饼皮，赏其热气升腾，捕其扑鼻香味，能把邻桌邻馆的人都馋住。到了明末清初时期，这种馅饼从民间传入贵胄王府，用油更加讲究，改为豆油或奶油煎制，面皮也变成了今天人们常吃的白面。

　　寻滋味的胜地，那就是吉林，因为这里是好山好水万般滋味。

　　对于冷面、锅包肉、煎粉、松原蒙古族馅饼等林林总总的小吃，百年传承固然存其真味，全国各地游客将地域饮食偏好带至吉林形成的新口味也具玲珑匠心。"一水蜿蜒中流，八方奇峰雄峙"的东北福地，味道如何？

← 煎粉

朱明

  山珍看"长白",作为松花江、鸭绿江、图们江的"东北三江源"之地,长白山广袤的原始森林,盛产菌菇、人参、野果等,千百年间滋养出肃慎文化、高句丽文化、渤海文化、契丹文化和女真文化等,积淀而成今日吉林的丰润气度。

  野味看草原,吉林西部,查干湖浇灌出丰美水土,养出牛羊的肥嫩鲜甜,再叠加进中部地区丘陵地带的畜禽之味,更显完整。

  海货有历久弥新的吉林之味,如今依然在不断丰富自己的风味广度,珲春口岸进口的俄罗斯海鲜,中俄通商带来的俄式美食,同样扎根吉林,成为吉林滋味的重要组成部分。

  主食现平原,作为"一两土二两油"的黑土地主要分布区之一,吉林是大豆、玉米、小麦、甜菜的出产"大户",烧烤收尾处,米饭、烤饼抑或炒面,样样华丽。

  多民族文化交织之下,满族的白肉、酸菜,朝鲜族的明太鱼、辣白菜,甚至蒙古族的手把肉、奶茶,都可以成为烧烤主菜。

  吉林的舒爽夏日不仅安定心神,还让人胃口大开,味蕾变得敏感,嗅觉全面敞开,体味到更多"非常规"的丰富滋味,避暑也因美食变得别样具体了。

  自东到西,自南至北,就是夏日的这一张小小餐桌,如同一面镜子,映照出吉林极大的饮食宽广度,自古至今,自今而后,就是这样的海纳百川,堪称吉林历史悠长的缩影。

国粹出科在船厂
——吉林京剧

"让我看清人生百态，教我做人做事，教我忠孝节义，给我浩然正气。"这句酣畅淋漓的表达，主语是"戏"，准确地说，是"京剧"，更准确地说，是吉林省京剧院新编京剧《牛子厚》。

这部荣膺国家舞台艺术精品工程的京剧作品蕴藏吉林浓浓的文化情怀，用不足两个半小时的时间浓缩了近50年的历史，围绕1894年至1943年间吉林富商牛子厚的人生，讲述了他创立"喜连成"（后更名为"富连成"）京剧科班，培育出梅兰芳、周信芳等京剧艺术大师的传奇故事，道尽了战乱与商海沉浮中的世事变迁。

在戏里，吉林富商牛子厚坚持办京剧科班，认为京剧培养了自己的人生观、价值观。戏外，就是这个科班成就了吉林与京剧的根脉相连。

京剧是中国传统戏曲种类中影响力最大的剧种，是世界三大戏剧体系之一，是中国的国粹，被列入联合国教科文组织人类非物质文化遗产代表作名录。

说起京剧，人们自然想到北京城。实际上，真正促动京剧发展为中国国粹之一的力量来自全国各地的广泛传播。其中，吉林省吉林市就是京剧

朱明

↑
京剧《孙安动本》

发展史上极为辉煌的一笔。

　　影响京剧发展史的科班根源在吉林。吉林舞台上的唱念做打，对应的是一众京剧名角。因而，中国梨园常有一句话：吉林市堪称京剧第二故乡。

　　种花得花

　　京剧起源于清朝乾隆年间，成形于清咸丰年间。清光绪年间，京剧传入吉林城就迅速打开了局面。早在清同治八年（1869），吉林市有记载的戏台、戏楼就达十多处，城里乡下听戏、看戏的文化氛围均非常浓厚。清光绪十一年（1885），京城演员胡少卿来吉林市进行京剧演出时，感到这里十分适合发展，遂决定安家于此。渐渐地，京剧越来越多地出现在人们的视野中，所登上的舞台都是吉林城丹桂茶园、斯美茶园、群仙茶园、庆升茶园、同乐茶园、康乐茶园等名声响当当的大戏园、大戏楼。名家频

185

至，票友踊跃，京剧在吉林演出受到隆重欢迎，至今已有200多年的历史，一度掀起了京剧地域化传播的热潮。

人们要问：为何偏偏是吉林？为何这里如此顺理成章地接受并喜爱起京剧来？回归文章开头那部戏剧——《牛子厚》，是京剧在吉林发展史上的第一个名字。

牛子厚出身的牛氏家族"吉林牛家"五代经商，到牛子厚这一辈已经历了四代人的打拼。在吉林市，曾有"牛半城"之说，指的是吉林城有差不多一半都是牛家的房产、产业。不仅如此，牛家在吉林长春和四平、北京、天津、山西太原、山东济南、黑龙江哈尔滨、辽宁沈阳、河北唐山等多地都有生意。

吉林牛家生意做得大，当家人眼界开阔，涉猎广泛。这一家的乐善好施和热爱艺术是远近闻名的。受到家中长辈支持，年轻时，牛子厚就经常把民间艺人请到家中，教自己学习乐曲知识、乐器演奏的技法和唱腔唱法，并付以不菲的报酬，由此，他对京剧、戏曲、民乐的热爱贯穿一生，对锣鼓经、雅乐、昆曲、柳子腔、评弹、京韵等颇有研究，甚至能达到"有眼会吹，有弦会拉，有板会敲"的水平。京剧名家萧长华先生曾盛赞他"六场通透"。

喜好京剧的吉林人不算少，那么牛子厚对京剧发展的具体影响是什么呢？这还要从1901年一场生日宴说起。那一年，为了给母亲献上一份生日大礼，牛子厚通过京剧演员、戏曲教育家叶春善先生的协调，专门把北京"四喜班"的京剧名家请到了由他一手创办的吉林城康乐茶园。演出很轰动，母亲很高兴，牛子厚也有了办戏班的想法。

1901年，牛子厚出资在北京创立"喜连成"京剧小科班，把管理科班的重任交给叶春善。1904年，再投入巨资在北京琉璃厂西南园正式创立戏班，并从三个儿子喜贵、连贵、成贵名字中各取一字，为戏班命名为"喜连成"社，要求其在北京与吉林两地演出，所需费用每年可达上万两白银，全部由牛家出。

戏班成立后，范福泰（老生）、姚增禄（武生）、苏雨卿（青衣）、宋起山（武功）、勾顺亮（秦腔）、唐宗成（文武场）等京剧名家都是这一科班任教的教师，可见规模之大。前来学戏的弟子潜心练功，技艺日臻，加之叶春善管理有方，牛家资金保障到位，很快，"喜连成"就成为北京城最大的京剧科班，前后两期招收了60多名学员。

对于人才培养，"喜连成"社在发展初期就制定了一套严格的《梨园规约》："临场推诿，革除。临时告假，同上，或缓留；如有特别事故，不在此列。在班结党，责罚不贷。临时误场，责罚。背班逃走，追回从重惩罚，不留。夜不归宿，责罚。"来此学艺者必须遵守的这些规约，后来成为梨园行规。

1912年，牛子厚因家族财产之事，欲将科班出兑。"喜连成"科班遂改名为"富连成"。科班迁至北京市北柳巷，班主依旧是叶春善。今天，人们将"喜连成"与"富连成"合并，称其为"喜富连成"，是对那一代巨商的尊重，对牛子厚所做贡献的肯定。

"喜富连成"科班，历时40余年，共办"喜""连""富""盛""世""元""韵""庆"八班。入科学生达到900余人。在某种意义上，吉林城在对中国京剧艺术事业的继承和推广方面起到巨大的推动作用，造就了京剧发展除四大徽班京剧之外的第二个巅峰。"喜富连成"科班被称为"京剧的第一科班""中国京剧的'半部京剧史'"。

大名鼎鼎的梅兰芳先生，与吉林船厂有着深厚关系。

1952年3月，京剧名家梅兰芳为支援抗美援朝前线，踏上了吉林这块他一直向往的土地。延绵深厚的情感萦绕心间，来东北义演刚结束，梅兰芳就乘车来到吉林城北沙河子乡晓光村牛家山祖茔——他来凭吊"老东家"牛子厚，站在墓前恭恭敬敬鞠了三躬。

梅兰芳先生为何如此尊重牛子厚？还要回到"喜连成社"，1907年，14岁的梅兰芳就曾来此学习，当时定名为梅喜群。说起来，梅喜群祖父梅巧玲是"同光十三绝"之一。梅喜群自小便展现出表演天赋，1902年

洞见传承·人文吉林

京剧《杨靖宇》剧照

开始拜吴菱仙为师，学习青衣。1907年进入名角济济的"喜连成"时，"带艺入科"的梅喜群虚心请教，刻苦练功，深得叶春善赞赏。

1908年，叶春善率"喜连成"到吉林演出，梅喜群位列其间，表现出色。对于眼前这位功底深厚、气宇轩昂、技艺超群的京剧演员，牛子厚十分重视，不过他认为梅喜群这个艺名还不够理想，于是亲自为其改名，从松、竹、梅、兰四君子中，取"梅""兰"二字，成"芬芳"之意，寓指高洁。可以说，吉林是梅兰芳名字的诞生地。

梅兰芳功成名就后，念念不忘牛子厚的知遇之恩。他不止一次公开表达感谢："没有牛子厚，就没有喜连成科班，自然也就不会有我梅兰芳了。"换句话说，没有牛子厚，没有吉林牛家，也就没有京剧的今日繁盛。

京剧，在吉林这块土地上，闪现出自己璀璨的光华。

回眸屏息间，中国京剧名家梅兰芳、马连良、周信芳、裘盛戎、袁世海、谭元寿都是从"喜富连成"走出来的。因而，待 1948 年，即便"喜富连成"科班停办，京剧也已在吉林扎下了深深的根，成为百姓文化生活中不可缺少的部分。

1954 年 4 月，当时划归吉林省文化局管理的京剧团改为吉林省京剧团，陈正岩（文武老生）、王凤燕（小白玉艳）、张啸宇（花脸）、康慧兰（荀派·花旦）、蔡静（刀马花旦）、降鸣兰（叶派小生）等为该团奠基的京剧名家皆曾受益于"喜富连成"科班。

20 世纪 50 年代末，吉林市还成立了艺术京剧班、京剧团。后来又成立了吉林市青少年宫戏剧班、吉林市少儿艺校京剧班，将京剧艺术播撒至下一辈心中，实实在在推动京剧的传承与发展。不仅如此，吉林京剧与时俱进的特色也愈加鲜明。

20 世纪 90 年代，迎着改革开放大潮，现代京剧《高高的炼塔》聚焦职称和住房问题，以知识分子的深刻思考，对时弊进行毫不留情地批判。

剧中的苏雷对理想执着追求，在工作中精明强干，但在生活中却有些木讷，不善交际。面对职称与房子，他硬着头皮找厂长，事到临头，却转而谈起技术革新。职称没评上，他一怒之下赌气提出调动，被批准又放不下工厂。最终，在工厂发生事故的关键时刻，他毫不犹豫地挺身而出，为一代知识分子竖起了"高高的炼塔"。

这部京剧作品有着"工业风"的气质，如男性角色或穿皮夹克或穿长风衣，女性角色或穿高跟鞋鱼尾裙或卷烫发；也有经典京剧《苏三起解》的巧妙串联，还有第二舞台中西混编乐队的设置。传统与潮流相融不悖，正是对吉林创新精神的折射。

过去、现在、未来，吉林市始终与京剧有着千丝万缕的联系。跨越晚清到民国的历史，"喜富连成"京剧科班从无到有、从小到大。中华人民共和国成立后，"喜富连成"以新的面貌走上舞台，昭示中国京剧事业后继有人。

京剧在吉林的发展会走出怎样的轨迹，我们可以在吉林省京剧团、吉林市京剧研究会、少儿京剧团、吉林市群众艺术馆,甚至在新兴园饺子馆搭建的喜连成京剧大舞台中寻找答案。光耀四海、世代赓续,京剧抽出新枝的地方,是吉林省和吉林市的人们乃至所有中华儿女自觉传承中华文明的内心深处。

04

腾飞黄龙现北土
——黄龙戏

2015年12月11日晚,座无虚席的中国评剧大剧院。随着演出进入尾声,在"是非功过,谁评说"的歌声中,女主角身披13米长的披风,缓缓步下舞台。霎时间,掌声雷动。

这位女主角就是吉林省著名二人转表演艺术家闫淑萍,她所扮演的是被称为"千古一后"的历史人物——北魏冯太后。

在两个多小时的时间里,一卷关于北魏时期宫廷、朝堂、时局、斗争的历史画卷徐徐展开。该剧讲述了北魏朝文成皇帝驾崩,年仅十二岁的太子拓跋宏继位,主弱臣强,朝纲不振。于是,皇后冯素素被推上了政治舞台,以皇太后的身份临朝称制,摆在她面前的却是一个风雨飘摇的政治局面。

朱明

↑
黄龙戏剧照

　　大将军乙浑欲废主篡位，霸占后宫。在这千钧一发的危急关头，冯素素在后宫詹事李奕的帮助下，力挽狂澜，除灭乙浑，使北魏王朝危而复安。紧接着她大刀阔斧地进行政治改革，在官员中实行"班禄制"（即俸禄制），在百姓中实行均田制。严惩贪官颁布新法，引起了以李欣为首的反对势力的强烈抵制，并预谋毒死冯素素。而内心深爱着冯素素的李奕又一次帮助冯素素粉碎了这场惊天阴谋，使改革得以顺利进行。不料，在惩治贪官和立法的过程中，揭发出一直被冯素素宠爱与信任的李奕竟然也是巨贪，这使得冯素素陷入了痛苦和两难之中。最后，她果断抛弃私情，处死李奕，惩治反腐，维护新法。自此，风雨飘摇的北魏王朝由乱入治。

　　这不是这位跌宕一生的"千古一后"第一次走入人们的视野，却是演绎她一生的闫淑萍首次以非二人转演员的身份登台。

　　因为这次，她演绎的是黄龙戏。

　　这是吉林三大地方剧种之一，它的起源与一段惨痛的历史有关。吉林省长春市农安县，辽金时期古称黄龙府，是辽金文化和北方文明的发祥地之一。《宋史·岳飞传》中记载："飞大喜，语其下曰：'直抵黄龙府，与诸君痛饮尔！'"说的就是农安县，这也是成语"直捣黄龙"的出处。

1127年，当金兵的马队踏平了北宋的都城汴京时，中原的皮影戏便成了战利品来到了北方。被掳掠而来的皮影戏艺人就在这块土地上点起了灯影、支起了影窗，在明月灯下，以三尺生绡为戏台，以十指纷飞逗诙谐，唱起了高亢的曲调。

年复一年，王朝更迭，流传于此地的皮影戏却被保留了下来，并被当地民间艺人俗称为"此地影"。这时，一位名叫"老柳罐"的影班班主突发奇想，他突破了传统皮影戏的影窗表演，由人在幕后操纵演出改为当演员直接上台演出。在其后的数十年间，人们以"此地影"的音乐与民间小戏为基础，与民间小调、曲牌、秧歌共生共融，又充分吸收和借鉴了本地萨满乐舞、民间说唱、口头文学、民间小调等艺术手段，形成独立剧种，这才有了我们今天听到的"黄龙戏"。

1949年，中华人民共和国成立了，民间文艺也迎来了"百花齐放、百家争鸣"的春天。20世纪50年代末，掀起了吉林地方戏曲剧种建设的

↑
黄龙戏《丁字路口》剧照

热潮。黄龙戏应运而生。

1959 年，农安黄龙戏剧团编演了大型剧目《樊梨花》并于次年公演，它讲述了中国古代四大巾帼英雄之一樊梨花智勇双全，自嫁薛丁山为妻，协助薛丁山登坛挂帅、南征北战、所向披靡的故事，引发了热议。同年 7 月，第二个黄龙戏实验剧目《珍珠串》上演，演出场场爆满。1969 年 9 月，"黄龙戏"被正式命名。自此，这一拥有独特的地方语言、独有的音乐特色、独特的内容剧目和忠实剧迷的地方剧种才真正在这片黑土地上扎根、生芽。并在此后的 20 年间，七八十部大中小型黄龙戏如雨后春笋般应运而生。

随后，1985 年，黄龙戏被载入《中国戏曲年鉴》，在中国戏曲史上写下了浓墨重彩的一笔。1989 年 9 月，时任中国戏剧家协会主席郭汉城更是认为黄龙戏在全国只此一家，欣然为它题写下"民族瑰宝"四字。

黄龙戏，在渐渐为世人所知的同时，也在酝酿着属于自己的"爆款"。

1990 年，中国戏剧家协会举办了第二届中国戏剧节，黄龙戏《魂系黄龙府》奉调进京。

《魂系黄龙府》是大手笔，在剧作家王福义的笔下，辽国天祚帝为保江山要杀尽黄龙府未满周岁的婴儿，心怀不忍的文妃为保婴儿暗传书信。黄龙府每一个婴儿的生死祸福，自此牵动了辽国君臣百姓每个人的心。

在为期 20 天的演出中，来自全国 22 个省、市、自治区的 27 台优秀剧目轮番登台竞演。《魂系黄龙府》一出，便震惊了首都戏剧界。一位专家更是热情地说："咱们中国人真了不起，一个县城就产生了这么个剧种，又产生了这样一台大戏，真是不容易。"

一个小小的县城，不仅走出了这样一台戏，使之一跃成为吉林省三大地方剧种之一，更捧回了"文华奖"，诞生了一名中国戏曲界最高奖——梅花奖的获得者。

"我伴梅花报春来。"由此，黄龙戏声名大噪，又接连推出了《大漠钟声》《圣明楼》《鹰格夫人》三部辽金历史剧，轰动全国。

但是，自 1997 年开始，市场经济的大潮浩浩汤汤，坚守传统的黄龙戏一度走向低谷，唯一的黄龙戏剧团也成了"无固定办公地点、无固定排练场所、无固定演出经费"的"三无"团体。在度过数年的至暗时刻后，为了不让这一独属于农安的地方剧种步入消亡。2005 年 5 月，农安县相关政府部门开始启动黄龙戏的抢救工作，他们克服种种困难，借助全省的艺术创作力量，外聘导演，租借部分演员、灯光、音响等设备，在短短两个月的时间内，将这一濒危的剧种重新搬上舞台。推出了著名剧目——《兀术与鹰格》它以女真人抗辽为背景，着力表现了金朝四太子完颜兀术与民女鹰格的一段交织着政治斗争与爱情纠葛的感人故事。甫一登台，便收到了无数关注，众多忠实戏迷纷纷奔走相告："黄龙戏回来了！"

2008 年，黄龙戏入选第二批国家级非物质文化遗产代表性项目名录。2011 年，黄龙大戏院落成并投入使用。2015 年，《兴国皇太后》进京亮相。随后，黄龙戏传习基地、黄龙戏工作坊先后成立，从基地建设、人才培养、艺术创作、教学研究，到越来越多的年轻人加入，走过寒冬的黄龙戏，迎来了复兴的春天。

"黄龙戏，黄龙戏，一条黄龙朝天去；百年古艺得传承，千年舞台黑土地。"

从只有小生、小丑、小旦，到刀马旦、老生和老旦；从民间民俗、历史风物、重大人物，到市井人情、百姓生活；从草台到庙堂，从乡野到舞台；长歌当哭、长袖善舞，黄龙戏演绎着历史跌宕起伏的同时，也经历了跌宕起伏的命运。

正如传承人赵贵君所言："百年的老戏不能丢在我们这，因为文化才是民族的符号，才是你这个民族的 DNA，把这种传统的文化元素用我们今天人的视角把它总结出来，这个是我们需要做的，随着时间，文化的这个繁荣，特别是民族文化的繁荣，必然要来到一个春天。"

阅尽风雨沧桑，风景这边独好。

朱明

05

艺苑新花绽新城
——新城戏

"扶余国，在玄菟北千里。南与高句丽，东与挹娄，西与鲜卑接，北有弱水。地方二千里，本濊地也。"

这是出自后汉书的一段历史记载，所说的是在千年之前就已存在的古国——夫余，也是今天扶余的名称来源。早在西汉初期，古老的濊貊人便在这里建立了东北地区第一个地方民族政权部落国家，开创了北疆历史文化的先河。随后，扶余国经历了渤海、辽、金等朝代的更迭，直到清朝时期，这里属于吉林将军的管辖范围。在这一时期，设有伯都讷副都统，管理该地区的军事和行政事务。19世纪中叶，扶余地区在历经多次行政区划调整后，设立了新城府，这也是"新城戏"得名的由来。

新城戏，是全国300余个剧种中唯一的满族剧种，溥杰先生曾为新城戏亲笔题字："满族戏剧、艺苑新花。"相较于扶余长达千年的历史，新城戏可以说是的的确确的"年轻人"。它的母体是八角鼓，最早由北京传来。所谓"八角鼓"，又名为"八旗鼓"。一听到这，熟悉清代历史的人便知道，八旗是满族特有的一种军事政策制度，包括正黄、正白、正红、正蓝、镶黄、镶白、镶红、镶蓝八旗。八角鼓兴盛时，满族人几乎人人会

↑ 新城戏剧照

唱。后来，又吸收了萨满乐舞、汉族太平鼓、清宫乐舞的音乐特点，盛于宫廷，兴于乡间。后来，八角鼓流传到扶余境内，经过当地人的流传演绎，中华人民共和国成立后，八角鼓从表演形式上分出行当，出现了戏曲格局。

1959年，在国家领导人关于继承民族艺术遗产、发展地方戏曲的指示下，扶余的文化主管部门行动了起来，他们对已经濒临失传的八角鼓曲目和曲牌进行了抢救式的挖掘和整理，最终恢复了40个曲目和27个曲牌。再经过戏曲化的创作，新城戏的雏形才逐渐显现。

1960年10月，扶余县新剧种新城戏实验剧团成立。经过努力排练了第一个剧目《箭帕缘》，以新城戏剧种名称对观众公开演出，一炮打响，轰动了扶余县。初生的新城戏，就这样开始了在摸索中前进的生涯。《战风沙》《望江亭》《春草闯堂》《江姐》，一个个不断涌现的剧目，在短短六年间，由这个小小的剧团演出了 1400 余场，观众人数达 180 万人次。

一出戏诞生了一个剧种，这是一个艺术上的奇迹。

然而，随着社会生活发生巨变，在进入 20 世纪 80 年代后，人们对戏曲的热情逐渐淡化，新城戏也面临着频遭冷遇、门可罗雀的尴尬境地。虽然正值壮年，但是源自传统曲艺的新城戏对于"新新人类"来说，似乎又显得"太老了"。将新城戏从历史中挖掘出来的文化工作者们，不甘心将这一新兴艺术又送回历史博物馆，值此山穷水尽之际，马彦祥先生在一篇论文中明确认定："由于新城戏是由满族八角鼓为基调发展而成，应归属于满族戏曲剧种。"自此，新城戏确立了民族属性，终于有了"名分"。

随着改革开放的春风吹而过山海关，文艺工作者们情绪高涨，干劲十足，他们下定决心"扭转乾坤"。在经过无数次田间地头的走访、辗转反侧的思索之后，将目光重新放在了满族的历史上。1984 年，新城戏的第一部满族历史剧《红罗女》正式登台演出，它浓重的满族特色、精致的戏曲扮相、独特的艺术风格，瞬间征服了观众和评委。原文化部"文华奖"、中宣部"五个一工程"奖各大奖项纷至沓来，为它加冕。

一出戏救活了一个剧种，如果说《红罗女》的诞生让新城戏东山再起，那《铁血女真》的打造，则让新城戏自此步入了一个辉煌的时代。

冰冷的铁，殷红的血，凝铸了这一幕历史……辽主天祚帝残忍无道，不仅让女真族俯首称臣，捕献海东青，还威逼女真族首领完颜阿骨打跳舞祝酒兴，夺其爱妻乌古伦。乌古伦为了保全阿骨打的性命和女真族的民族大业，不得不从。遭受奇耻大辱的完颜阿骨打卧薪尝胆，筑城屯兵，待时机已到，挥师东进，终将辽朝江山变成了大金天下。

当完颜阿骨打登基后，他率领众臣，重登永昌宫飞龙殿，身边侍卫手托数只海东青。他不禁感慨豪华一如往日，辽朝的光辉却已不复存在，但如今的大金国，故事仍在继续……

这是一部取材自辽金历史的鸿篇巨作。当 1992 年,《铁血女真》进京

↑
新城戏《铁血女真》

演出时,名动京城,多家媒体盛赞其是"新时期以来最好的少数民族戏剧之一"。

看戏的人越来越多,演戏的人也越来越多。

鼓点急促,灯光交错。舞台中央,演员时而静静站立,时而猛展双臂,随歌而动……2009年,大型历史故事剧《洪皓》亮相于国家大剧院,它讲述了南宋重臣洪皓任礼部尚书时,出使金国,被扣留在荒漠十五年,坚贞不屈,艰苦备尝,全节而归,被誉为"第二个苏武"的故事。公演现场,看完全场的洪家后人忍不住热泪盈眶,并欣然赠送了"松花江畔鱼米香,新城戏曲声远扬,京华几度获大奖,而今又添锦绣章,皓公气节撼天地,松原艺苑倾热肠,传承精神深感佩,一曲梨园余韵长"的贺幛。

进入新时代,新城戏也有了更贴近时代的发展。

2023年,以吉林英模——松原市宁江区纪检监察干部郭明亮烈士为

↑
八角鼓

原型创作而成的《洒下一米阳光》在长春首演。

"共产党员党徽熠熠胸前闪,刚正不阿义凛然,身先士卒做垂范,时代责任肩上担,举铁拳党旗下站,既荣誉又庄严,初心不改使命难撼,甘洒热血染红万里河山……"随着剧情进入高潮,郭明亮带领农民党员面向党旗庄严宣誓,语句铿锵,面容坚毅,不少观众更是拿出纸巾轻轻擦拭眼角的泪水。演出结束后,更是久久不愿离场。

这是戏曲的魅力,更是戏曲的春天。

"让新城戏火起来,虽然难,但我相信将来会越来越好。"如今,随着传统文化的复兴,新城戏的演员们也对自己有了更高的要求。随着扶余县新剧种新城戏实验剧团已更名为松原市满族新城戏传承保护中心,越来越多的剧目在这里被创作出来,被搬上舞台,越来越多的年轻人也加入了薪火相传的队伍,精心呵护、浇灌着这朵"松原大地的民俗之花",使其灿然绽放于新时代的艺苑之中。

情深意浓难割舍
——吉林二人转

　　一男一女，一丑一旦，一把扇子，一块手帕，院落里、田野间、剧场中，胡琴一拉，唢呐一吹，锣鼓钹一响，一出好戏就热热闹闹地开场了。300年间，吉林二人转就是这样走到哪里，演到哪里。一说一唱，时空转换，一舞一步，角色腾挪，看似朴素简单，却能融汇万端，道出无尽情愫。漫天红霞，万里春花，以天地为幕，坐拥"中国二人转之乡"的吉林人，从不焦虑于觅其踪迹，只管予它延绵不绝，只管畅快谈艺论戏……

　　在吉林西部有个地方叫梨树，二人转恰巧落脚在了这里。

　　在东北有句话："宁舍一顿饭，不舍二人转。"东北二人转是东北三省共有的民间小戏，被列入第一批国家级非物质文化遗产代表性项目名录。它是东北文化的"活字典"，也是平民艺术的典型代表。

　　人们好奇的是：既然是东北地区皆有的艺术形式，何以"中国二人转之乡"落户吉林省四平市梨树县？

　　第一，二人转根扎于乡野。梨树县是东北乡土文化较为浓郁的所在，是二人转发祥地之一；第二，二人转在梨树县的演出活动成型较早，雏形可追溯至清乾隆年间甚至更早；第三，梨树的二人转师承谱系连续至今，

朱明

→ 二人转

较为清晰有序。从二人转在梨树县形成发展流变的过程，就可证实其300年的传承史。

二人转，史称双玩艺儿、蹦蹦，又称过口、双条边曲、半班等。据史料记载，二人转源为打连厢，民间传说其创始人为孙大娘。清雍正年间，孙大娘行艺于广宁府（今辽宁省锦州市）街巷，晚年收王蹇为义子，二人常在广宁府西关老爷庙戏台、城内天后宫戏台及东关帝庙土台子演唱一种叫作"蹦蹦"的小戏，扮成一男一女，时人称其为"双玩艺儿"这是二人转最早的艺术表现形式。

二人转落户梨树县，是清代乾隆四十五年（1780）。《四平市曲艺志》记载："就靠山屯齐家蔓师承谱认定，清乾隆四十五年，梨树已有二人转。"那是王蹇病故离世第四年，齐姓二人转艺人演唱"对口"来到梨树县靠山屯，算作第一代；第二代传承人刘恭，擅喊梆子腔，会扭大秧歌，常与师傅齐某在集市村屯打场卖艺；第三代传承人为刘恭的三儿子刘天财，取艺名"双菊花"，因他演出时常戴两条假发辫，故又称"双辫"，其创作《小两口串门》是吉林二人转已知的最早剧目；后刘天财收前来拜师学艺的周兴（艺名"周短子"）为徒，培养其为"齐家蔓二人转"的第四代传人；周兴到晚年，收耿君（艺名"耿扣子"）、冯林（艺名"冯球子"）为徒，从此有了第五代传人；民国期间，分别由耿君收徒李财（艺名"李橛子"）、傅生（艺名"傅喜子"）、郭云甲（艺名"郭甲子"），冯林收徒刘启红（艺名"刘豁牙子"）、朱庆，担当第六代传人。中华人民共和国成立之际，赵青山、韩荣、郭玉芹、杨殿文、杨海山、将志田、董孝芳等10多人成为第七代传人，其中，董孝芳发明手绢绝技"凤还巢"，作品《南郭学艺》唱进了人民大会堂；时至今日，付庆义以及"牡丹奖"获得者赵丹丹便是第八代传人。

300年以来，在梨树，先后出现了齐家班、周家班、耿家班、冯家班、高家班、段家班、岳家班、付家班、柴家班等二人转演出戏班，皆有师承记录。从清朝中叶至21世纪初，梨树县从民间艺人到专业演员，可以数得上名字的二人转艺人1200余人，很多是二人转舞台上的"台柱子"。2010

↑
二人转

年10月11日，中国曲艺家协会授予梨树县"中国二人转之乡"的称号。

除了梨树县，二人转在吉林老八家子（今怀德镇）、秦家屯（辽金时代的信州）、杨家大城（今杨城乡）、大榆树、双榆树等地多有流传。

在二人转发展历程中，曾分出东、西、南、北四个流派。其中，东路即以吉林省为重点，特点是舞彩棒，有武打成分。"东耍棒"与"南（辽宁营口）靠浪，北（黑龙江）靠唱，西（辽宁黑山）讲板头"并列而自成一体，颇有特色。既有东北人性格中豪放、刚健、淳朴、敦厚的气质，又唱词诙谐，唱腔百变，雅俗共赏，带有浓郁乡土气息和鲜明地方特色，历经岁月荡涤，依然深得吉林老少喜爱。

二人转艺人谣唱道：

"走下个千山万水，
好像充军发配。
河里洗脸庙上睡，
没有枕头枕着半拉砖头睡。
上边扯一把底下露大腿，
你说遭罪不遭罪。
但是，什么都好，只有二人转艺人这张嘴。
无论多苦也堵不住这张嘴。
好啊好啊，这才对。
我就愿意唱这个蹦蹦，
我就愿意遭这个罪"。

唱二人转受罪？这可不是民间艺人说虚话。换个角度，现在二人转演员个个都是多面手，还得回过头感谢"这份罪"。

自诞生之日起吉林二人转的演出内容就源于民间，唱词朗朗上口，形式开放，演给民间，无论是庙会、广场、集市、街巷，还是早年间的大车店、煤窑、兵站都是舞台。每逢年节、农闲或是大户人家做喜事，便闻打板唱曲儿声。

东北山高水远，天阔地厚，胸怀广大，气度通达，接纳天南地北的来客，也为生长其间的二人转赋予了包容的秉性。当年，随着"闯关东"大潮，关内流民迁入吉林拓荒，带入了关内的莲花落、太平鼓、河北梆子、皮影戏和民间笑话等艺术形式，采撷各地艺术成分，与东北大秧歌结合，并增加了舞蹈、身段、走场等，形成了"秧歌打底，莲花落镶边"的丰富韵味。那些堪称吉林二人转的开山者们祖籍有的来自山东、河北，有的远在山西、河南，一套车拉着戏班子所有家当，辗转各地演出时碰上了就切磋一番，常有新套路就从你一言我一语中冒出来。

唱腔受东北大鼓、单弦、河北梆子影响大，素有"九腔十八调七十二嗨嗨"之称，共三百多个。唢呐、板胡是二人转的主奏乐器。击节乐器，除用两块大板和五块节子板的竹板外，还用玉子板，也叫手玉子，由四块竹板组成，正好一手打两块。

二人转的表演手段讲求"四功""一绝"，"四功"指的是唱、说、扮、舞。唱，即唱功。说，即说口。扮，即跳进跳出，像不像，作比成样的表演。舞，包括组合而成的舞蹈表演和表演动作的舞蹈化。"一绝"指的是唱、说、扮、舞中技艺超众的绝活儿。演唱形式又分为二人转（双玩艺儿）、单出头和拉场戏。

单说二人转的"说口"，就有很多发挥空间，多是艺人们即兴表演，或活泼，或俏皮，或夸张，或幽默，总是充满想象，活生生是地里长出来的语言，不在那个环境里的人唱不出，端坐桌前的人也想不到。纵观二人转的唱词，流传下来、移植过来的、现编的，都有共同之处，那便是庄稼嗑儿多，口语化，通俗易懂，框框少，充满了随机应变的灵动气息。

艺人管这个本事叫"活唱"，唱二人转的时候，特别注重"当地人唱当地事，当地事唱当地词"。到山沟说山沟的事儿，到煤窑说煤窑的事儿，到屯子说屯子的事儿，到街头说街头的事儿。用艺人的话说，这叫"唱的得跟老百姓走一条道"。清末之时，梨树二人转达到鼎盛时期，正是基于地方性、群众性的特点。

有段"说口"这样描述："有得意浪的，有得意唱的；有得意俏的，有得意闹的；有得意悲的，有得意笑的；有得意甜的，有得意苦的；有得意文的，有得意武的；有得意打的，有得意跳的；有得意哼哼呀呀的，有得意成本大套的；有得意唱小曲的，有得意莲花落的。"因此，艺人们总是边走边收集素材，蹚着路子唱，看着场子唱。脚踏生地、面对生人的时候，就眼观六路，耳听八方。打听清楚这地方时兴什么，忌讳什么，这地方的人吃什么，不吃什么，是基本功。

所谓"众口难调"，吉林二人转却能每去一地合一口，这是何故？与艺人们了解各个地方百姓的口味有直接关系。

1980年春，吉林著名二人转艺术家刘士德在他的回忆录《松辽艺话》中详细记录了学艺、精艺、献艺的过程。

他唱过"屯场"，就是屯落，在田间、地头、场院里。冬天在屋里唱，夏天在室外唱。唱这种"屯场"，一般分"高粱红唱手"与"四季青唱手"，"高粱红唱手"是忙时务农，闲时唱戏；"四季青唱手"是常年唱戏。

他还唱过大车店，就是早前供车老板子（赶车人）和车马休息的旅店。有二人转的店子留人，还有车老板子专门追着来看。

他还唱过"台子"。每逢灾年，唱"台子"的事格外多，为了祈福。

他还唱过"船口"，就是渡口，条件简陋至极，木板墙、木头顶搭成的临时棚里搭个二三尺高的小舞台，人在上边唱，台下基本是等船过江的客人，听一段，船来了就走，这条船走了，等下条船的客人又接着坐下来听。

乡里、车店、棚里还算可以，艺人们连大山里都去。一个是唱"棒槌营"，即采参挖参营，另一个是唱"木帮"，就是木工、放排人干活儿的地界。

有时，他也进城里唱"客栈"，就是客店（旅店），或是去富裕人家里唱，叫作唱"子孙窑"。刘士德回忆，一次在吉林市，钱花光了，来到牛马行，寻摸一圈之后，挑了个门脸儿大的进去了，见到掌柜即说："我是江湖人，从乌拉街来，奔榆树。可眼下扁担上睡觉——遭灾了；枕拳头睡觉——手困了；拽席糜子上墙——勒手了。囊空手乏，分文没有。想给您老添个麻烦，在小店里唱上两段，求个盘缠钱。"掌柜的很和气，回道："江湖人帮江湖人，应该应分，谁还没有手紧的时候……"说着领进屋内，对面大炕，住了六七十人。刘士德拱手说罢来意，一众人尽皆响应，于是打场撂地唱起来。

有人认为二人转只有"俗"的、"土"的，没有"雅"的、"精"的，这是误解。且听《杨八姐游春》里佘太君替女儿向皇帝要彩礼那一段：

"我要你一两星星二两月，三两清风四两白云，五两炭烟六两气，七两火苗八两光阴，生烧龙须要九两，冰溜子烧灰要十斤……我还要……王母娘娘杪椤树，要上一棵搭手巾。我要你东至东海灵芝草，西至西海老龙鳞，南至南海红芍药，北至北海牡丹根。我要你泰山大的一块玉，黄河长的一锭金……"

这都是平实语言，但句句精到。还有经典片段，如《四梁》里有《四大梁》包括《西厢》《盘道》《当阳楼》《阴魂阵》；《四小梁》包括《蓝桥会》《开店》《铁冠图》《游武庙》。《四柱》包括《回杯记》《梁赛金擀面》《小天台》《井台会》。这都是"功夫戏"，能将世间傻相、憨相、笨相、老头儿相、老太太相、小孩相、妇人相、英雄相，演绎得臻于妙境。更别说中国各个朝代的剧目都能在二人转中找到对应段落。

惊人之处不仅如此。对于吉林二人转来说，每天都是创作日，随时都有出彩时。300年来，二人转"上新"速度之快，常令人惊叹。

一代接一代，跨入20世纪80年代，吉林二人转进入新的发展阶段。1980年吉林省民间艺术团成立，其前身是吉林省吉剧团二队。经过吉林民间艺术团的修改之后，有很多唱段成了二人转的知名唱段，如《梁祝下山》《包公断太后》《孙悟空三调芭蕉扇》《醉青天》等。在改编大批传统剧目的同时，吉林省民间艺术团培养出了众多的二人转表演艺术家，丑角演员有韩子平、秦志平、董连海等，旦角演员有郑淑云、董伟、李晓霞等。

  1986年至2005年，梨树县每两年举办一次乡镇业余小剧团会演，实行会演例会制。每次会演推出一批新剧目，表彰先进团队、乡镇及单位，奖励一批优秀的二人转艺人。全县农民业余二人转小剧团发展到26个，民间二人转艺人688人。这些农民业余剧团农闲时广泛活跃在全县各乡镇，并辐射到周边各市、县及省外，形成了独特的文化产业。著名二人转演员刘兴玉组建融教学与演出为一体的二人转艺校，活跃在梨树及周边县市乡村。

  重大进展接踵而至，2006年，东北二人转被国务院列入第一批国家级非物质文化遗产代表性项目名录。在最初申报时，是以"吉林二人转"的名义。而在2019年11月，《国家级非物质文化遗产代表性项目保护单位名单》公布时，吉林省梨树县地方戏曲剧团有限责任公司获得"二人转"项目保护单位资格。

↑
二人转进山村

目前，在吉林省梨树县剧团档案柜里，保存了367本原生态的二人转文本，这是中国现存最珍贵的一批二人转手抄文本。2024年4月14日上午，中国戏曲学会二人转研究分会在吉林长春成立时，吉林二人转的成就已经达到了新的高度。

因此，有人总结道：二人转演员唱的是发生在咱身边的新人新事。

就在2024年7月，吉林省二人转艺术剧院携吉林梨树二人转专场赴京演出。与历史上进京亮相不同，这次演出通过长演不衰、家喻户晓的二人转经典曲目，梳理了二人转300年来历史的发展脉络。演员阵容中，既有闫淑平、佟长江这样的二人转表演艺术家，也有中国曲艺牡丹奖表演奖得主赵丹丹领衔的新一代吉林"四大名旦"，还有年轻新秀。

演出现场，《夫妻串门》（乾隆年间的手抄本）里有来自"转乡梨树"火辣辣的关东情，《九腔十八调》展现传统艺术形式中的唱腔技巧，《夫妻串门》从起初的短短十三句传承至今已达百句唱词,《西厢听琴》《水漫蓝桥》《回杯记》《西厢观画》《兰桥》《梁祝下山》等剧目联唱牵动跨越时空的情感记忆。《守岛夫妻哨》《云岭红梅》等讴歌时代楷模人生华章的作品感人肺腑。

台上台下欢声笑语一片，古今纵横间艺术华彩尽展。曾经，人们斜靠着谷草垛，或选一棵浓荫匝地的老树下蹲着，拥拥挤挤地瞧着二人转，细品那种乡土原味。现在，绚烂布景映照的华丽演出，让二人转"登堂入室"，不变的是内在的朴实。

无论是攘来熙往的城市广场，还是村村屯屯的文化大院；无论是在灯光明亮的大剧场，还是街边道旁的小舞台，每天上演的吉林二人转总能把"一轮明月照西厢，二八佳人巧梳妆"这些熟悉的唱段，送入人们耳边，它是现代城乡伴随式的浪漫。有吉林二人转的地方，荒野也会变得炽烈，因为朗照长空的是吉林人的热情与豪勇。

跟着吉林二人转游吉林，定能领略到白山黑水深处的底蕴与温暖。

朱明

07

瑞彩传承舞翩跹
——秧歌、农乐舞、鹤舞

有歌必生舞，有舞必有歌。

千百年来，吉林这片土地上有世居的赫哲族、鄂温克族、鄂伦春族、朝鲜族、满族等众多少数民族同胞，有从中原、华北而来的闯关东百姓后裔，更承接了异域文化近百年的影响，从阳春白雪到下里巴人，在碰撞中交融生根。东夷歌舞的遗韵犹存，民族舞蹈更是异彩纷呈，在白山黑水间肆意绽放。

吉林秧歌主要包括汉族大秧歌和乌拉满族秧歌，是集歌、舞、乐于一身的群众性大型舞种。有人说是古海东盛国时期随汉人迁居吉林一带而传入的，《吉林通志》记述："十五日为'元宵节'。以粉糍祀祖先。街市张灯三日，金鼓喧闹，燃冰灯、放花爆，陈雨龙曼衍，高桥'跷'、秧歌、旱船、竹马诸杂剧。"可见早些时候，吉林秧歌这种文化习俗已经颇为盛行，一直传承至今。

汉族大秧歌由秧歌、龙灯、旱船、扑蝴蝶、二人摔跤、打花棍、踩高跷等多种形式组成，以舞蹈为主，兼容演唱、戏曲等多种艺术形式。饰演女角的称"腊花"，舞蹈轻盈妩媚、舒展大方，讲究"稳中浪、浪中

俏"；饰演男角的称"丑"，舞蹈粗犷活泼、幽默风趣。男女搭配，跳得那叫一个妙趣横生。每当逢年过节之时，男女老少身着盛装，几十人甚至数百人排成队列，伴着锣鼓唢呐，在大街小巷挥动彩扇，尽情扭跳。

"秧歌是扭出来的，也是唱出来的。"唱也是秧歌表演中不可或缺的一部分，唱词内容丰富，通俗易懂，曲调喜庆高亢，有时也穿插诸如"小老妈""焗大缸""扒墙头"等小戏，搅动得场子氛围极为热烈。

在清朝的肇兴之地吉林市乌拉街满族镇，至今还传承着一支独具民族特色的秧歌舞蹈，这就是乌拉满族秧歌。相传起源于唐代渤海国流传的一种叫作"踏锤"的民族歌舞。不同于汉族大秧歌，乌拉满族秧歌主要表现满族的日常生产、劳作和文化习俗，男角头戴缨帽，身穿长袍，脚穿便鞋，扮作武士或船夫，舞蹈融"扭、逗、浪、欢"为一体；女角梳架子头，身穿旗袍或旗褂，脚穿绣花鞋，手持手绢和扇子，扮作格格或新娘，

← 小城秧歌汇

舞蹈轻盈婀娜。舞蹈动作有吉祥步、马步、弓步、矮子步、蹲跳步、鹰步、碎步7种基本步法和奔马、逗鹰、放鹰、求婚、鹰八步等多种双人基本动作。在舞动过程中，"朝天子"一曲贯穿始终，并用以引领舞蹈动作，舞随曲动，曲随舞走，还有唢呐、锣、抬鼓（满语通肯）、镲等吹打乐器伴奏。乌拉满族秧歌既体现了东北秧歌的共性，也演绎了满族的狩猎风俗和尚武风貌，是满族同胞生活的活化石，于2020年被列入第五批国家级非物质文化遗产代表性项目名录。

在吉林的历史记载中，无论是古朝鲜，还是濊貊、扶余、高句丽，都是爱好与擅长歌舞的古老民族。古朝鲜"俗喜歌舞"，扶余有"腊月祭天"的风习，届时"大会连日，饮食歌舞，名曰'迎鼓'"，在集安高句丽壁画中，长袖舞画像代表了其舞蹈中最具特点的形象，古老风习盛行不衰。其中最有代表性的便是"农乐舞"，2009年，中国朝鲜族农乐舞被列入联合国教科文组织列入人类非物质文化遗产代表作名录。

↑
秧歌队转场

↑
农乐舞

"农乐舞"俗称"农乐",是一种融音乐、舞蹈、演唱为一体的综合性民族民间艺术,其历史可追溯到古朝鲜时代春播秋收时的祭天仪式中的"踩地神",是古代农业劳作之后,人们聚居饮酒歌舞的遗风,极具农耕生活特色,又以象帽舞和乞粒舞最具代表性。

农乐舞的表演一般有两种形式,一种是以舞蹈和哑剧形式进行剧情演出,另一种则是在新年伊始和欢庆丰收的时节,跳起热烈而丰富的传统舞蹈。整个农乐舞队由29名人员组成,由持"令旗"者领衔,其后为农乐队(顺序为喇叭、太平箫、上剑、副剑、从剑、钲首长鼓、副杖鼓、首鼓、副鼓、首法鼓、副法鼓、三至八面法鼓),随后是由演员扮演的"两班"、猎人、执事、农妪、舞童等。

表演时,以锣鼓为先导,领衔者为一打铜锣者,舞蹈的开始、中间的变换及结尾,均由打锣者指挥。还必须有一位打旗的人,旗上要写上"农者天下之大本也"八个大字,站在打锣者之前,尽情舞动。随后,演员一边演奏一边舞蹈。在"小锣"的敲击下,由青年男子首先登场表演《小鼓舞》;一群舞童在"燕风台"乐曲的伴奏下,以快速旋转动作进行各种队形、队列的变换,表演"叠罗汉";之后,男女均可参加表演《扁鼓舞》,男子舞蹈激烈欢腾,女子身挎"扁鼓",舞蹈刚柔并济。最具特色的还是象帽舞,舞者戴特制的头盔——"象帽",帽顶有一个长短不一的横杆,

朱明

横杆拴有彩色的长缨,长者可达 28 米,短者仅有 1.5 米,舞者以颈部的力量带动帽子顶端的横杆,使长缨在头顶、身侧旋绕飞舞,展示"左右甩象""抖露珠象""平甩象""立甩象"等技巧,同时,手中击打小鼓,跳跃前进,堪称是农乐舞中表演难度最大和艺术价值最高的部分。

位于延边朝鲜族自治州的汪清县素有"象帽舞之乡"的美称,在这里,农乐舞广为流传。当地不仅成立了朝鲜族农乐舞保护中心,还建设了中国朝鲜族农乐舞非遗传习中心,更有我国唯一以朝鲜族农乐舞为主题的展馆。来到这里,既能看到农乐舞的发展历程,更能亲身体验农乐舞活态展演的热烈场面。

近年来,随着艺术家和舞蹈家的改良,象帽舞的表演形式也在不断发生变化,发展成为数十人、数百人乃至上千人的大型表演,内容极为丰富。出生在汪清县的国家级非物质文化遗产代表性项目朝鲜族农乐舞(象帽舞)的传承人金明春,就曾以 30 秒内甩 32 米双层彩带并跳跃 44 次的成绩创造了吉尼斯世界纪录。在他的带动下,新一代的传承人还在表演中融入了武术、芭蕾、街舞、电音等艺术形式,吸引了越来越多年轻人的目光,更是远赴意大利、美国、俄罗斯等国交流演出,堪称吉林省一张亮丽的非遗名片。

乞粒舞的名字顾名思义,指的是在货币还没产生的时候,朝鲜族群众以米为货币进行商品交换的活动。它起源主要有两种形式:一种是在朝鲜族聚居区域里,每当要办一件大事或搞一次大型活动时,就要由村里有地位的头面人物牵头,组织能歌善舞的人,穿上鲜艳的民族服装,击鼓奏乐,到富户人家或商号、店铺的门前表演,请他们出来资助;另一种则是为了建造、修缮庙宇,庙里和尚手里拿着铜钹,

↑ 象帽

洞见传承・人文吉林

↑
延边象帽舞

边敲边念着经文，到各家各户化缘。

它的表演人数众多，男女老幼皆可参加。表演时，首先由头戴"象帽"的舞者登场，他们不停摇动着帽子上的彩色长缨。随后，村子里德高望重的老人作为总指挥，拿着铜钹入场，他边走边敲，引领着舞队。两个圆鼓手和两个长鼓手、舞队中的男女青年、老年人依次入场起舞。在舞队的最后，是表演"双层舞"的男演员，他们的肩上分别站着一个小孩，小孩手中拿着彩绸或鲜花，不停舞动。等到舞队全部出场后，众人便逐渐围成一个大圈圈，依次下到场中，表演自己最拿手的技艺。表演高潮过后，随着指挥的铜钹声声，再依次列队退出，如此舞蹈才算完毕。因其舞蹈形态复杂，层次丰富，技艺高超，所以在朝鲜族舞蹈中享有独特地位。

与农乐舞的热烈奔放不同，在朝鲜族还有许多舞种体现的是优雅柔美、清灵飘逸的艺术风格，其中又以鹤舞最具代表性。

在朝鲜族的文化中，鹤被视为善良、纯洁和长寿的象征，这种崇鹤的心态也在经过艺术化的加工后巧妙地融入了舞蹈之中，这就是鹤舞。朝鲜族鹤舞是中国朝鲜族民间舞蹈中唯一的鸟类假面舞，也是唯一以表现动物为主的民间舞蹈。它发源于朝鲜半岛，最早是宫廷歌舞中的一种表演形式。在李氏王朝时期，形成两只鹤围绕两朵莲花翩翩起舞的表演形式，这就是"鹤立莲花台舞"。随着鹤舞传入中国，又经过重新的加工整理，演出形式更为完善。2008年，被列为国家级非物质文化遗产代表性项目。

鹤舞主要有模仿鹤的搭颈、啄鱼和摆臂等动作，在表演时，女性饰演小鹤，身着白色裙装，裙摆点缀着黑色，表现鹤的身体，动作柔和舒展；男性饰演大鹤，顶着十斤左右的鹤形道具表演，时而挥翅跃起，时而缓步慢行，二者配合表演，刚柔并济。鹤舞以长鼓、圆鼓、洞箫、笛子为伴奏乐器，一般按照长短节奏起舞，没有固定的伴奏音乐，因此十分考验舞者的技艺。因为表演难度极高，一度式微。

但在延边朝鲜族自治州安图县，得益于当地民间艺术家的坚持，经过系统性挖掘整理后，也迎来了一群传承薪火的年轻人，原本已处于濒危境地的鹤舞，重新回到了人们的视野。

　　舞蹈是人类最古老的艺术形式之一，它的起源随着人类生产劳动而产生，在上古时代，它就充当原始人们交流思想和感情的工具。经过数千年的传承与演变，在吉林，多民族舞蹈百花争妍，形成了一条凝聚人心的文化彩带。

08

祖辈记忆传古今
——满族说部

　　在两只豹眼大金雕的护卫下，一只长尾黄莺将一颗明亮的小皮蛋抛入东海之滨一个部落的罕王古德罕怀中。古德罕认为，这颗瞧不出端倪的卵是凶兆，于是命人将之抛入河中、引来恶狗吞食、用火焚烧、埋入黄土，均没能令其陨灭。最终，在一群貉的保护下，一个伟大的生命破壳而出——这就是满族说部最古老文本之一《乌布西奔妈妈》所记录的乌布西奔诞生的情景。

　　乌布西奔的童年充满苦难，初为哑女的她被古德罕扔到了"弃儿营"，生存环境十分恶劣。然而，少女乌布西奔逐渐显出神能，屡退偷袭。此时，性情暴躁、妄自尊大、一意孤行的古德罕做出错误决策让整个部落陷入了危机。在千钧一发之际，是乌布西奔不计前嫌，帮助古德罕重建部落，她带领族人寻找草药、创制良方、改革婚制，让部落壮大起来。她备受人民拥戴，成了乌布林大萨满。

"乌布林——
再不是脱缰的马，乌咧哩，
再不是无娘的儿，乌咧哩，
再不是荒僻的生野，乌咧哩，
再不是野鹿的哮原，乌咧哩，
再不是蝎蟥施虐的枯水，乌咧哩，
再不是蚊蚋追鸣的暗滩，乌咧哩，
太阳普照乌咧哩，
乌布林毕拉，
月光普照乌咧哩，
乌布林毕拉，
神鼓轰鸣乌咧哩，
乌布林毕拉。"

跟随说唱者的排比式讲述，一幅恢宏壮阔的图景如在眼前，乌布西奔变为乌布林大萨满的情节震撼人心。在吉林珲春，《乌布西奔妈妈》得到活态传承，依然散发着满族集体智慧的光芒。如今的传承者秉承了满族部落中被选出的"金子一样的嘴"，世代讲唱着金子一般的满族说部。国家级非物质文化遗产代表性项目、吉林民间文学瑰宝满族说部，因之散发着澎湃的气势，为一代又一代人注入勇气、英气、骨气。

满族说部，来自族人寻根讲古。

大河汤汤，千年来，作国家文化遗产的满族说部与满族同胞互相滋养、互为记录。满族说部的起源，是满族先民的"讲古"习俗。有谚曰：

↑
满族说部资料

"老的不讲古，小的失了谱。"

满族说部产生于游牧文明纵深地带，以波澜起伏的情节、气势磅礴的语言，诉说着满族在漫长历史中力顶千钧的意志与博大深厚的情怀，饱含着英武有加、勇健非凡的精神内涵，蕴含着博大精深的知识体系，喷薄着白山黑水之间古老北方民族的智慧与创造。

历史上，"金子一样的嘴"是满族社会选定部落酋长、族长、萨满的一个必要选拔条件。清代，在传统满族社会，人们还会举行讲古比赛。

从满族先民传承下来的"讲古"文本多为长篇，也有由若干短篇连缀成"部"的。至清末，早年间纯粹用满语讲古转变为汉语夹杂一些满语讲述，或用汉语讲唱，由此，"乌勒本"这一称谓随之意译为"满族说部"。

慎终追远、求本寻根，满族说部凝结了满族先民的精神气质，继承了女真人口头文学的优良传统，又在后世流传中多加打磨，造就了气势恢宏、篇幅浩瀚的艺术面貌，形成了饱含真趣、充满生机的原生态风味。

勤劳、勇敢、善良、宽厚、诚实、追求理想的民族性格都在众多满族说部的人物性格中得到了充分展现，满族先民赖以生存的自然环境得到了形象生动地刻画，渔猎传统、社会生活的点点滴滴也得到了详尽准确地记录。其中，还有大量诸如"好花结好果，恶念生祸端""太阳总有从云中露脸的时辰，奇彩总有展现给世人的时光"等满族古谚和譬喻，传递着满族先民的生活经验、人生哲理、道德观念等。

如《乌布西奔妈妈》不仅是一个荡气回肠的故事，也反映了先民的氏族制度、宗教信仰以及捕鱼、狩猎、采集等原始生产方式，身着衣服，食鱼肉、鱼干、鱼糜等的生活风貌，文身、哑舞、动物传信、额头刺血以表诚心等古老民俗。因此，满族说部是满族社会生活的百科全书和民族文化的活的历史。

说部，是民族记忆智慧的结晶。

满族说部题材庞杂，包括天地生成、氏族聚散、古代征战、古代祭祀、部族发轫、英雄颂歌以及民间奇闻逸事，北方民风民俗、生产生活知识等；塑造人物形形色色、如在眼前，情节曲折错综。可贵的是，其所反映的重大历史事件皆以史实为宗，荦荦大端均有据可查。具体叙事虽在民间流传过程中有所裁量、取舍、演绎，但依然能够保存地域特色和古朴、丰富的内容风格。

据中国民间文化工作者的整理和分析，满族说部内容大致包括以下四种类型。

第一类为窝车库乌勒本，俗称"神龛上的传说"，即神话、传说，主要来源于各姓满族珍藏的萨满神谕、萨满记忆，清晰映照先民的思维模式、观念意识。如黑水女真人的创世神话《天宫大战》、东海女真人的创世史诗《乌布西奔妈妈》等，都是典型代表。

其中，《天宫大战》记录的是满族原始先民开疆拓土、繁衍生息，表达了原始先民对天地形成、万物产生、人类诞生等问题的丰富想象，是满族神话的始祖与源头。创世史诗《乌布西奔妈妈》原为满语（女真语）韵

满族说部是我国非物质文化遗产的瑰宝

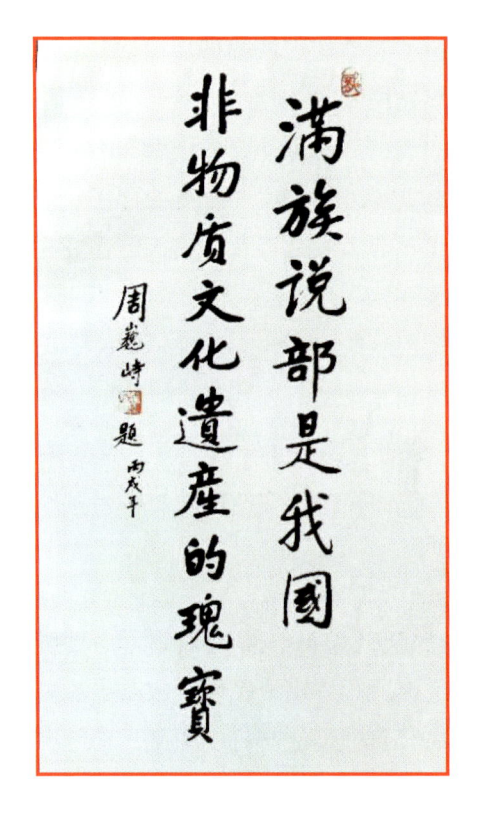

周崴峙 题 丙戌年

↑
名人题字

文,可诵可唱,文辞优美,情感浓烈,表现了部落时代的战争风云。

第二类为包衣乌勒本,即氏族史、部落史、家史。如吉林省长春市赵姓家族的《扈伦传奇》。

第三类为巴图鲁乌勒本,即文治武功显赫的英雄传记。这部分作品丰富,大致又可细分为两大类,一是真人真事的传述,二是传说人物的演绎。后者如《雪妃娘娘和包鲁嘎汗》,讲述了清朝开国皇帝努尔哈赤家族通过与蒙古贵族联姻、团结蒙古族建设清王朝的历史,情节曲折,艺术水准颇高。此外,还有《乌拉国异事佚史》《元妃佟春秀传奇》等。

第四类为给孙乌春乌勒本,即说唱故事,主要歌颂各氏族流传已久的人物事迹。如《红罗女》及在吉林省东部的敦化等地流传的《银鬃白马》《红罗绿罗》的不同传本,地方风物传奇《巴拉铁头传》《白花公主传》,满族民间长篇说唱《姻缘传》《莉坤珠逃婚记》《依尔哈木克》等。

满族说部具有完整的故事情节和生动的人物形象,其艺术形式经历了由简到繁、由短到长的发展过程。

从记载人物命运、历史事件,到记载民族发展中的文化、医学、贸易、军事等大事件的发展历程,集体创作的特点令其有了全景式描述社会生活的宏阔视角,浓缩了满族及其先世社会史、氏族史、家庭史。口传的说部里,有人类黎明时期的原始生命理念,有萨满祭祀神歌、神词,还有为古代环境保护而规定的族规祖训，续写着族群的森林生存密码。

传承性是满族说部的突出特点。世代赓续，这便是它的特征。

"满族说部"内涵原为"满族人讲满族事"，在传统意义上是不允许外延的。传承的形式有严格的规定，通常是族内传承，也包括父子、祖孙、兄弟传承。比如，在吉林生活的纳喇氏赵姓满族同其他氏族的不同之处是限于极小范围，单线秘传，不准中断，也不准外泄。人们现在所见的《洪匡失国》《扈伦传奇》等说部作品，都是冒着极大风险才得以保存并传承下来的。

对于满族各个氏族而言，讲唱说部是神圣而隆重的活动。讲唱者往往由族中德高望重的长者或萨满担任。他们开始前要焚香、祭拜神灵，漱口而后虔诚讲唱，整体气氛神圣肃穆。

表演时，满族说部以说为主，或说唱结合，说唱时用满族传统的以蛇、鸟、鱼、狍等皮蒙的小花抓鼓和小扎板伴奏，有时也伴有讲唱者对说部中人物动作的生动模拟。进入满族说部情景里，听众都需严按辈分，虔敬诚恭，可见其内在的"讲祖""颂祖"基因十分强大。

满族说部的传承现场通常就是讲唱现场。在氏族定期祭祀或节庆之日，本氏族成员聚集在特定地点，聆听本氏族中几位德高望重、出类拔萃的成员讲唱说部。这些讲唱者由老人们在本氏族内选拔产生，义务承担整理和讲唱工作，并接替前辈遴选杰出后辈，以保证满族说部代代传承。这完全发自对氏族祖先和英雄人物的崇敬之心。

从世代相传、堪称卓越的满族说部中，可以一探南北朝至清末民初这1500年间，满族社会所发生的重大历史变迁，了解到满族社会的风土人情、社会风貌。

那么，传统的传承方式发生过变化吗？满族民间故事家及有讲述才能的民间说书艺人能参与讲述满族说部吗？现代的满族说部还有哪些呈现形式呢？

当我们走进位于吉林省四平市的伊通满族自治县博物馆，会看到满族说部以博物馆展陈、活态展演的多元立体方式传承的场面。

作为为数不多的展示满族历史、文化和满族风情的专业性博物馆之一，伊通满族自治县博物馆从"源流""政治""经济""文化""风俗""信仰"等方面，分七个展厅展示满族文化。无比珍贵的萨满神谕原件以及满族说部中的"窝车库乌勒本"就安卧于这座博物馆的"信仰"展厅中。这与民间说部源源不断的"活水"互为呼应，显现了满族说部在口头文学与书面文学互动互补、少数民族文学与汉族文学相激相融中不断前行的足迹。

2002年6月，经吉林省人民政府批准，成立了吉林省中国满族传统说部艺术集成编委会，全力抢救与保护满族说部这一项目。参与这项工程的专家学者和工作人员本着保护为主、抢救第一的原则，搜集了500余盘已故传承人遗留的讲述说部的珍贵录音带，查访仍健在的说部传承人，寻根探源，了解每部说部的传承谱系并对传承人的述说进行记录、整理。时过四年，2006年5月，满族说部经国务院批准被列入第一批国家级非物质文化遗产代表性项目名录。

在古老的岁月里，满族说部一直在满族人民心间念念回响。

位于吉林省吉林市北约35公里处的乌拉街满族镇，保留着民族特色的民房建筑，散发着较为浓郁的满汉融合民俗气息。在镇中心西北约2公里处，总面积约90万平方米的乌拉部故城遗址巍然屹立。这座故城分为内城、中城和外城，最醒目的建筑遗存位于内城偏北部，是一座夯土构筑而成的椭圆形大型建筑台基，台面略呈龟背式，中间高四周低，南面有花岗岩石条铺砌的台阶，当地人称之为"百花公主点将台"。

传说，百花公主点将台是金代海都国百花公主所留。这位海都国王的女儿文武兼备，在国家面临敌军进犯而不敌时，曾果断率众离开国都，退往松花江江东。临行前，百花公主令每人带上一把家乡土，以示不忘家乡的意志。松花江东即为现在乌拉部故城所在位置，百花公主又命众人用带来的土建成了点将台和城墙，在此据守练兵，最终打回松花江西，成功收复了都城。

百花公主带领兵士与百姓忍辱负重、历尽艰险、舍生忘死、力克强敌、收复家园的故事如此传奇，如此波澜壮阔，本是文字难以尽述，但通过满族说部，至今仍鲜活地被讲述着，其中部分内容还被编入昆曲《凤凰山·百花赠剑》。

　　现在，当各地游客来到乌拉街满族镇，拾级登上乌拉部故城时，会听到导游或文化学者以及非遗传承人，绘声绘色地介绍百花公主的传说。

　　实际上，如此开放地讲述，如此广泛地传播，如此平视的角度已与满族说部的传统传承方式迥然有异。从如此一瞥回望漫长的传承史，厚重中透出的更多是仰慕与守护。

　　无论何时，在吉林，满族说部响起的地方，都会让人产生深切的认同感和归属感。

09

记忆流淌珠光闪
——珍珠球

　　亲爱的观众朋友们，您现在看到的是2024年吉林省少数民族传统体育运动会的现场，双方各7名球员正在28米长、15米宽的场地上，围绕一个水球大小的珍珠色皮球你争我夺。其中，双方各4名球员在水区展开厮杀，还各有 2 名手持大号"乒乓球板"的防守球员在隔离区上封下挡，阻止对方球员投篮得分；而在得分区，还埋伏着 1 名抄网球员，伺机将银球收入抄网之中……这是一项既有篮球的运球投球，又有手球的传递配合，还有排球的拦网动作的体育项目，可谓汇集众家之长。而这个标准重量仅为 300～325 克的珍珠色银球，承载的却是一个民族的兴衰历史；短短 30 分钟的比赛时间，却仿佛穿越到数百年前，令今人得以遥望那历史尘烟。

它，就是民族体育之花、国家级非遗项目——珍珠球。

运动背后，是一个民族的艰辛岁月历程，开拓的苦难脚步，忘我的奋斗历程，无尽的情感积累……

珍珠球原名"采珍珠"，满语"尼楚赫"。作为中华民族的重要组成，满族生活在长白山以北、黑龙江中上游、乌苏里江流域，这里水产丰饶，河蚌肥美，盛产珍珠，史称东珠。东珠的满语为"塔娜"，它产于松花江、黑龙江、乌苏里江、鸭绿江及其流域，这一带水源十分充足，且环境好营养丰富，东珠生长在这样好的环境中，因而硕大饱满、圆润晶莹，散发出五彩光泽，用它制成的首饰光彩熠熠，尽显高贵奢华。

清朝统治者把东珠看作珍宝，用以镶嵌在表示权力和尊荣的冠服饰物上。皇后、皇太后的冬朝冠，缀饰的东珠与珍珠约 300 颗，冠顶东珠 13 颗，珍珠 51 颗，耳饰、朝珠等也用东珠镶嵌，以表示身份并显现皇家的权威，弥足珍贵。

为了防止东珠流入民间，清廷还在山海关设置关卡，根据检查获取珠子重量的多少给予相关人员立功、奖赏。从此真正实现东珠"非奉旨不准许人取"的朝廷专属。

与珍珠的华美相反，在古代，采集珍珠是一项艰苦卓绝的工作。据史料记载，早在辽代，满族前身的女真部落里，每年四月北风劲吹的时节，采珠人就会前往水边采集东珠。有经验者会根据水文水流，判断哪段水域之下有蚌群，再用长棍入水翻搅，如果听到摩擦声，就说明水下有蚌。这时，采蚌人两人一组，一个脱光衣服，含着一个葫芦接续氧气，挎着袋

朱明

子、扶着长棍下水，另一人则在水上，扶着长棍另一头儿随时接应。

水下若有斩获，采蚌人一手扶棍，一手采蚌，装满袋子后，手摇长棍。水上之人即拉动长棍，连人带蚌拽出水来。那些类似海底捞月的动作，也成了日后珍珠球运动的最早雏形。

除了下水前喝几口烧酒，采蚌人没有任何御寒的措施，可谓冰冷刺骨。加上水流湍急，常有采蚌人被卷走。而最大的威胁，来自人。据史书记载，辽代末年，天祚帝生活奢侈，游猎无度，无休止地向女真各部落索取东珠、海东青、紫貂皮等名贵物产，甚至强迫女真人冒着严寒，凿冰入水，采蚌取珠，很多女真人为此惨死江中。

一颗东珠，背后就是一段血泪故事，这种刻骨仇恨，烙印在女真人的记忆里，日积月累，最终激发了完颜阿骨打率众奋起反击，直至辽国覆灭，金国由此建立。

"生死考验"逼出来的体育运动，其实，也是岁月给予今人难忘的回忆。

↑
珍珠球比赛

东珠（又称东北地域的珍珠）与这个民族命运的呼应，才刚刚开始。

金末，蒙古兴起，金帝将其所藏的稀世东珠尽数献予成吉思汗，以乞和谈；明末，努尔哈赤为麻痹明朝，向明廷进献东珠，暗度陈仓地发展势力。1644年，清兵入关，满族的民族地位空前提升，产于"龙兴之地"的东珠，地位更为突出。清朝人认为"岭南、北海产珠，皆不如东珠之色若淡金者贵"，东珠成为皇室的专用饰品。

但采珠人的命运，并没有因此转变。为保障宫廷贵族东珠的供应，清政府严禁民间采珠，清顺治年间还设置采珍珠的打牲乌拉总管衙门，位于现在的吉林市乌拉街镇内，直接对皇宫内务府负责。据史料记载，清朝鼎盛时期，东珠捕采大军可谓规模浩大，船只数百，牲丁千人，光督察官员就有数十人，浩浩荡荡前往江河作业。采珠时，以大船夹着威呼船，8～10人为一排，赤身裸体，系绳持杆，入水采蚌。待所挎的鱼皮兜满，摇振绳索，再拽出水面。岸边烧水烫蚌，待壳肉分离，取其宝珠。开蚌百千，才有可能获珠一枚，连乾隆也不免作诗感慨——"百难获一称奇珍"。

捕采东珠有严格的奖罚规定，如上三旗五十九轩，每轩采珠16颗，共应944颗，缺少一颗者鞭责十鞭；如缺10颗以上，总管、翼领、骁骑校等罚俸一年，降一级，领催等鞭责一百。

岸上有督察，水下有危险，在如此严酷的环境下，采珠人必须和时间竞跑，彼此之间也存在竞争。为了加快速度，采蚌人直接将蛤蚌投入岸上的筐里，分工协作，以提高采集效率。久而久之，河里的人抛得准，岸上的人接得准，采珠速度自然就提高了。采、运、抛、接，成了互相竞赛的标准动作，进而衍变出抛蛤蚌这项活动。

在清代，珍珠球活动十分盛行，往往又是通过彩珠增长八旗兵的体力。

据《吉林通志》记载，远在努尔哈赤时代，满族青年男女由采珠人设法摆脱蛤蚌区的防守，将绣球做成的珍珠球投到伙伴手中。起初，采珠人站在河里比赛，完全还原劳动场景，后逐步转移到陆上，也增加了很多陆地运球的动作和规则。比赛的场地分为三个区域，中间区域称为"河"，模拟采珍珠的水上区域；场地两边为"威呼"区，模拟陆地接珍珠的区域。采珠人在"河"中运动，争夺珍珠球，并试图将珍珠球传递给"威呼"区中的接球同伴。每队还各出两名队员扮演"蛤蚌精"，持两片蛤蚌壳，拦截对方"河"区到"威呼"区的珍珠球。

开球后，场上攻守往复，银球穿梭飞舞，蛤蚌急张忽合，抄网频频斩获……这项角色多变、攻防反复的游戏，对场地、器械的要求也很简单，在松花江、鸭绿江及渤海沿岸很是流行，是农闲时的保留项目，深受年轻人和儿童的欢迎，并随着清兵入关被带到京城，随后在全国传开。

也正是因为清王朝的疯狂采捕，导致了东珠资源的迅速萎缩，据记载，至清咸丰、同治、光绪、宣统四朝61年，共采珠三次，得珠不过2419颗。再到清晚期，列强侵华，清廷再也无力开采东珠，转而使用廉价假珠，采珠业名存实亡，退出了历史舞台。

一并被遗忘的，还有珍珠球运动。随着清廷的退位，珍珠球于民国期间失传。而回望它的轨迹，源于采珠，起于后金，兴于清，盛于入关，衰于晚清，失于民国，可谓是满族兴衰史的直接见证。

随着岁月的流逝，通过广泛的挖掘，珍珠球文化重启江湖。

20世纪80年代，随着对少数民族文化的研究保护越来越受到重视，一场抢救发掘珍珠球的行动也开始了。虽然年代久远，资料缺失，研究人员还是从有限的史实文献中，找到了古代珍珠球的部分规则，再结合部分其他运动的规则和形式，综合还原。而比赛的用球、球拍、抄网等工具，也被逐步规范。

时隔近70年后的1984年，北京市第一届民族传统体育运动会上，两支持球、拍、抄网的队伍出现在赛场，引发了当代观众的好奇。这项名为"采珍珠"的球类项目，就是重出江湖的珍珠球。当第一球稳稳入筐，意味着满族的这项民族体育，跨越了近一个世纪的漫漫征程，重新回到了人们的视野。

当时竞赛方法比较简单：双方对垒，每队出 6 名运动员，其中 1 人站在一端持网待捕，2 名持拍队员站在对方捕珠者前拦截珍珠，其他 3 名队员下"河"争夺，夺到珍珠球后，投向己队的持网人。待珍珠球躲过对方蚌型拍的拦截、投入自己队的持网人网内时，才算得分。一次即得 1 分，投入 10 分为 1 局，3 局决定胜负。

这种来自劳作、发于民间，又博采众长、形式独特的球类项目获得了很多人的欢迎，在 1986 年的第三届全国少数民族传统体育运动会上，

↑
珍珠球比赛

"采珍珠"改名"珍珠球"亮相；1988年北京举办了首届珍珠球邀请赛，1991年第四届全国少数民族传统体育运动会上，珍珠球被列为正式比赛项目。2008年6月，满族珍珠球被列入第二批国家级非物质文化遗产代表性项目名录。

现在，珍珠球竞赛已成为民体之花，又是当代团建的热门项目。

现代珍珠球运动，是在参考篮球、手球规则的基础上制定而成的，其在水区的运动与篮球、手球运动有一定的共性，而在封锁区的持拍防守队员又具有足球守门员和排球拦网队员的特点，具有较强的观赏性，动作掌握起来也相对容易，因此普及很快，多省都组织了珍珠球运动队。无论是在全国少数民族传统体育运动会中，还是在北京、辽宁、河北、吉林、黑龙江等省市民族传统体育运动会中，珍珠球均被列为正式的比赛项目，而一些民族高等院校、中小学也将其列为体育课运动项目。因为讲究团队配合，战术呼应，加上简单易学，一些企业还把珍珠球作为团建运动。当年轻的职场人兴致勃勃地参加团建的时候，或许已想象不到，这项游戏曾是一群遥远的打工人的生死之搏。

在如今的吉林市乌拉街满族镇，当年的吉林打牲乌拉总管衙门所在地，当地满族中心小学的珍珠球社团经常组织珍珠球的比赛，欢笑之间，助威声中，孩子们高接低挡，将祖先们几百年前投出的古老银球稳稳抄网。在运动员激烈的攻防互搏中，在汗水挥洒的赛场上，你还能依稀看到，当年那个在白山黑水间行进、渔猎、战天斗地的不屈民族，那群为中华民族耕耘东北、贡献如东珠般璀璨的勇敢身影以及一个摆脱了压迫和奴役的民族新时代的自信从容……

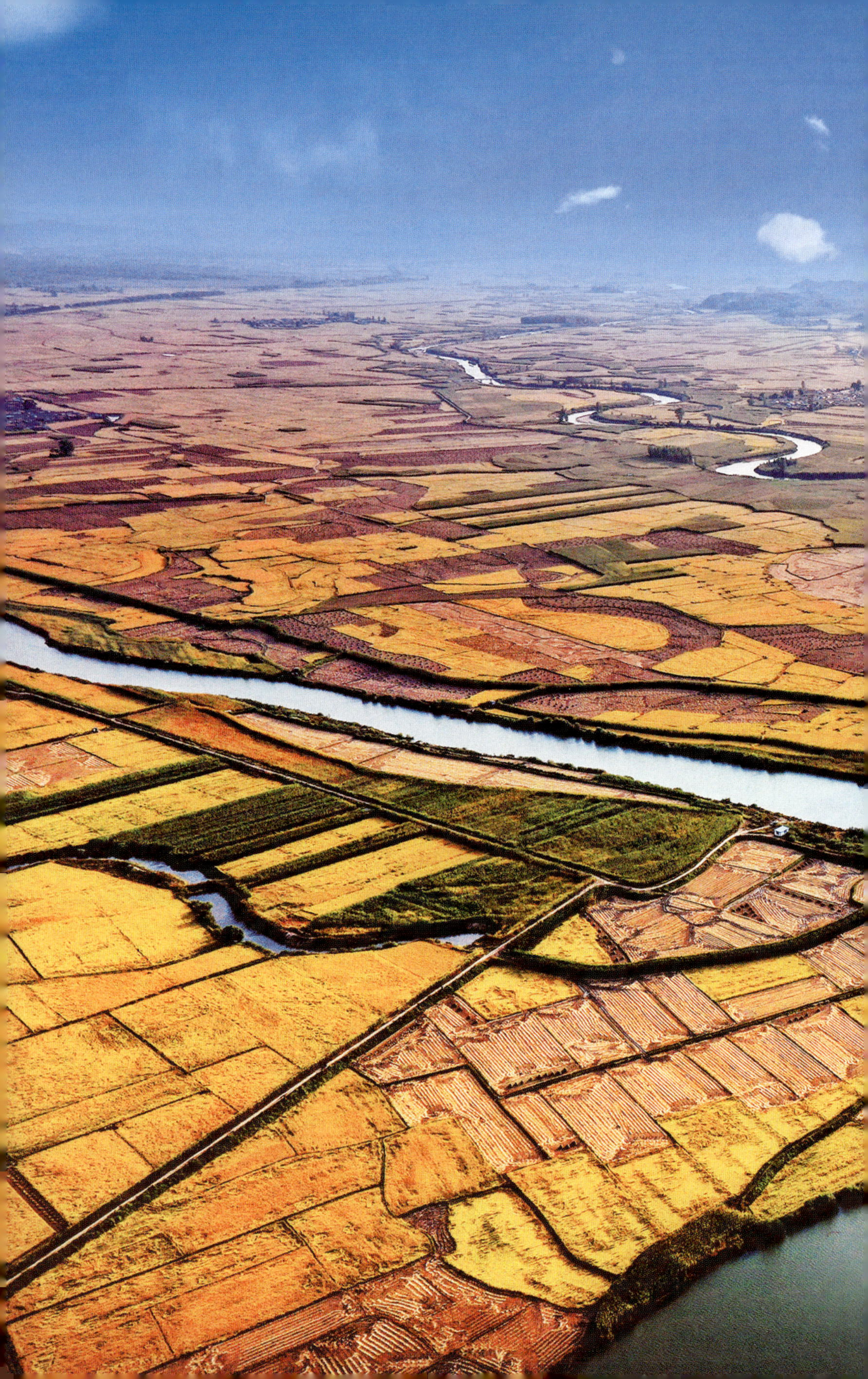

金天

秋天，是吉林最文艺的季节。

金色，是这个季节的主色调，云层成了苍穹之下罕见的东西，天空因此蓝得让人沉醉，阳光更可以肆无忌惮地洒落。

金光普照之下，壮阔的山林，成了大自然这个画师的巨型调色板，红色的枫林被烈火点燃，桦树白中带黄反差分明，松树常年撑着绿伞，多彩的山林汇成缤纷的海洋。

稻田，村庄，越靠近人类的地方，越是纯金的海洋。春季的劳作，是人类提前的伏笔，金光所到之处，到处是点石成金的神话。风吹麦浪，那是田野的浅吟低唱；大豆摇铃，那是丰收的欢快碰杯；玉米成堆，那是黄金般灿烂的山峦；满地的辣椒赶着秋晒，那是拥抱村庄的红色海洋。

不多的绿色，是一片金黄中难得的点缀，延边的万亩果林中，翠绿的

苹果梨挂满枝头，讲述着一个迁徙民族在中华大地开花结果的传奇。

按捺不住对金秋的喜悦，更多的艺术家，就地取材，满眼入画，将自然的馈赠精雕细琢，巧手绣得芳菲卷，草编、芦苇画、粮豆画……秋收秋晒的满足被固定进画框。

见证过吉林无数个金秋，记载着长白山百万年地质沉降，松花石砚也细细研墨，续写消失了70年的御砚传奇和这个省份在秋季的精彩篇章。

伽倻琴、奚琴、长鼓……在各民族的各式琴声鼓点中，一曲曲秋天的童话，在吉林悠扬唱响。

秋季，这个收获的季节，如金子般珍贵难忘。接受大自然的如此馈赠，懂得感恩的吉林各民族人民，虔诚秋祭敬天神，净月潭登高敬长者。他们相信，对自然的每一份尊重，都化为自然对人类的每一份回馈。

↑ 金秋

大豆摇铃　谷物归仓
——秋收秋晒

　　吉林夏季，大野芬芳；风吹日晒的大地，渐渐进入一片金黄；随着几场秋雨，秋天来到了吉林大地；秋，是个有"响动"的季节，"立"是开始，"秋"是指庄稼成熟的时期。立秋是秋天的第一个节气，不仅预示着炎热的夏天即将过去，也表示草木开始结果孕子，收获的季节到了。地处世界"黄金水稻带"和"黄金玉米带"的吉林省，是世界三大黑土区之一，资源禀赋得天独厚，松辽平原素有"黄金玉米带"和"大豆之乡"的美誉，是国家粮食主产区之一。立秋后的吉林，开始了又一季的大豆摇铃、谷物归仓，金风利来，人们能听到成熟的豆粒儿撞击豆荚的铃铃声，人们称之为大豆摇铃的季节，一个秋天的童话等待上演。

　　古语说，"三春没有一秋忙"，因为硕果累累，需要颗粒归仓。

　　作为我国主要的优质粳稻生产基地，吉林省常年水稻种植面积达到1200万亩，主要分布在图们江、鸭绿江、松花江、嫩江和辽河流域。吉林大米以其口感细腻、味道香甜著称。待到金秋十月，遍地稻子熟了，黑黑的土地被覆上了灿烂、明艳的金黄，松花江岸，

秋天

↓ 金秋时节

↑ 打玉米 ↑ 金色的收获

洞见传承·人文吉林

↑ 丰收的喜悦　　　　　　　　↑ 丰收的喜悦

随便挑选一个小村落，都能看到田野里随风翻滚的稻浪，犹如一幅无边无际的印象派画作。从稻穗上摘取几粒，托于掌心，尚能感觉到它们汲取阳光的温热和来自大地的深沉。稻壳破裂，米粒破壳而出，犹如新生的幼崽在掌心滚动，圆润光滑、晶莹剔透，预告着又一季的丰收。

吉林省还是中国重要的大豆种植区之一，主要分布在吉林中部、西部、东北部和南部等地。大豆是吉林省的主要经济作物之一，栽培面积占全国总面积的 35% 左右，产量可占全国总量的 20% 左右。每到收获季节，站在田野边放眼望去，大豆像铃铛一样沉甸甸的，在秋风吹拂下摇摇摆摆，发出清脆的声响；熟透了的豆子从豆荚里弹下来，和其他农作物都散落在地上，像一地闪闪的黄金亮。"大豆摇铃千里金"的说法，广为流传，更为世间所认同。

此外，由于吉林省地处东北亚大陆内陆，早晚温差大、日照时间长，使得这里的玉米在产量和质量上都有较大优势。得天独厚的条件，使得吉林省成为中国重要的玉米生产基地之一，玉米产量占全国总量的 10% 左右，是全国第三大玉米生产省份。在金秋季节里，梨树县的田野里机器

金天

↑
丰收欢歌

↑
收获的喜悦

轰鸣声不绝于耳，玉米收割机在田野里来回穿梭。一排排玉米连杆带穗被卷入收割机内，收割、脱粒一气呵成，金黄饱满的玉米粒从卸粮口倾泻而下。农机过后，留下一层厚厚的秸秆碎片，犹如给黑土地盖了一层被子，保护着黑土层不被风蚀或水蚀，秸秆腐烂后还能有效增加腐殖质，起到肥沃土壤的作用。

农业民俗很严谨，又很科学，例如，再累不能坐碾子——秋收的各种"讲究"，其实很有"道理"。

对于吉林的农民而言，立秋不仅仅是一个节日，更是农忙季节的开始。"春种一粒粟，秋收万颗子"，立秋之后，农民们需要更加密切地关注农作物的生长情况，加强田间管理，防治病虫害，以确保能有一个好收成。在机械化收割尚未普及的年代，手工是主要的秋收方式。农民们早早准备好各种农用工具，如镰刀、叉子、篓子等，一把锋利的镰刀，是干活儿的关键，头天晚上，农民们就要找磨刀的熟手把刀磨好，用粗砂石给刀刃开刃，再用细砂石把刃打磨得细腻而锋利。

秋收有很多讲究，割稻谷时，谷桩子不能太短，太短了打谷子的人容

洞见传承·人文吉林

↑
吉林大地

↑
金秋迎丰收

易戳着脚底板；也不能留得太高，太高了行进就比较费劲。割把子时，要考虑打谷子人的手掌虎口大小，双手握一个把子要合手，太大了握不住，容易脱把子；太小了则影响效率。割下的把子还要摆放整齐有序，方便打谷子的人快速准确地拿到手里。通常，割稻谷的人速度快些，就会转回来给打谷子的人帮忙递谷把子，兼顾捆稻草，这样可以加快收稻谷的速度。

尊重工具，就是尊重人类自己。到了秋冬打场时，还有个"再累不坐碾子"的说法。在吉林民间看来，农耕工具是人的神圣的伙伴，碾子帮人农耕，人坐在上面，是对工具的不尊重；而对工具不尊重，就是对自己不尊重，也是不吉利、不稳定的预示。因此，吉林的农人一般干活儿再辛苦，也不坐在农具上。

新粮入仓，传统的吉林农人还要举行丰收祭，庆祝丰收。丰收祭一般在农历十月初一后进行，满语为"阿拉农依全皆"意在喜庆丰收之日，以丰厚祭品诚心诚意请祖先来"吃席"，表达向祖先和神的感激之情。感谢他们保佑获得丰收，同时祈求神祇保佑，"今冬人畜两旺，来年人寿年丰"。

秋季，是一幅绝美的大地风景照——秋晒秋囤，那么动人，又那么感人。

而随着炎炎夏日的结束，五谷丰登秋季的到来，吉林人也开始忙着准备过冬的蔬菜。其中，晒白菜和大葱是每年必不可少的环节。在寒冷的东北地区，冬季的蔬菜种类并不多，而且价格相对较高。为了在漫长的冬季里能够吃到可口的蔬菜，人们选择在秋天的时候晒制一些易于保存的蔬菜，如白菜和大葱。白菜价格便宜，营养丰富，易于保存。大葱则具有浓郁的香味和独特的口感，是很多东北菜的必备调料。因此，晒制这些蔬菜既经济实惠，又能满足人们的生活需求。

无论是晒制白菜还是大葱，都需要操作的技巧，还需要时时翻动的耐心，操作不当就容易导致蔬菜的变质。晾晒前，要对蔬菜进行加工，去掉外层干枯的叶子，切断蔬菜的根部，切成基本一致的长度，再选个通风干燥的地方放置晾干。白菜体积较大，一般整整齐齐地排列成行，大葱则悬

洞见传承·人文吉林

↓
收获交响曲

↑
黄金之稻

↑
黄金稻田万里香

挂在空中，充分接触风。

　　这时家前屋后的空地，都被利用得满满当当，晒满了玉米、大豆等农作物，晾满了白菜、大葱等蔬菜，红绿青黄，俯瞰下去，犹如油画般浪漫展开，渲染成海，农家小院倒像是点缀其中的行船。一种别样的审美之上，生活有了浪漫的气息。这个季节，也是摄影师的最爱，吉林的秋晒经他们的快门传递，成了一张包含地方特色的明信片。

　　大自然不会辜负勤劳人们的托付，晒制好的白菜和大葱，可以很长时间都不变质，口感上也得以保持。土豆、萝卜、茄子也是采用类似的方法保存过冬，在这个天然冰箱的加工下，即使在荒芜的冬季，吉林人也可以吃上品种丰富的蔬菜，干豆角炖红烧肉、葫芦条炖小鸡等，都是让人垂涎三尺的东北名菜。

　　产粮的大省，一定要培养"高才生"，也叫"优等生"；粮食版图上的"优等生"——当代的吉林秋收，都有哪些要素呢？

　　近年来，随着农业机械化的不断发展，吉林传统的手工收割被机械收割所替代，屯粮的方式，也从露天储存的"地趴粮"转向新式"玉米楼子"，使用架在空中的网围栏储粮仓，保证了品质。水涨船高的是吉林的"优粮"答卷，作为中国"粮食版图"上的"优等生"，吉林粮食总产量连续3年稳定在800亿斤以上，2023年达到历史新高837.3亿斤，位居全国第四，黑土地保护性耕作面积居全国第一位，主要农作物耕种收综合机械化率达到94%，高于全国平均水平近20%，农业现代化第一方阵地位更加稳固。

　　虽然生活条件和生活方式天翻地覆，但囤秋菜的习俗在吉林仍然盛行不衰，既是生活方式，又是一种文化传承和教育方式。它让人们了解祖先的智慧和勤劳，也体现了他们对大自然的敬畏和感恩。

02

感恩时节，情系大地
——各民族秋祭习俗、净月潭登高

"春种一粒粟，秋收万颗子。"一年之中，秋天总是和收获挂钩，天上月明时，人间团圆夜，它代表着成熟、圆满、幸福，寄托了从古至今人们所有美好的希望。每年从八九月开始，秋色就逐渐覆盖粗犷豪迈的东北大地，金黄渲染，嫣红点缀，风光无限。

这时候，也到了淳朴的劳动人民表达感恩之情的最佳时节，他们感恩苍天，感恩给予五谷万物的黑土地，也感恩春种秋收辛勤劳作的自己，从而诞生了一系列不同的习俗。

在朝鲜族人的年历中，农历七月十五，正值田地里的活儿都干完了，他们也要进入挂锄休息的农闲期，刚好可以趁此机会开展各种民俗活动，农夫节就这样应运而生了。

农夫节又被称为百种节，是从春耕夏耘进入秋收冬藏的第一个节日。朝鲜族的祖先认为，此时的五谷杂粮、瓜果蔬菜都已成熟，可以"汇聚百种之种子"，"百种"又是族中古代传说中专门管理各种农作物种子的农神的名，因此，家家户户都要准备好丰盛的酒食，准备各种供品祭祀祖先，男女老少同欢共庆，感恩神灵、祈求五谷丰登。

金天

↑
庆丰收

↑
秋收时节

↑
荡秋千

↑
净月潭

　　农历七月十五这天，首先要举行祈丰祭，祭祀神灵与祖先。然后要选出这一年侍弄庄稼侍弄得最好的农人，他被封为"农事状元"，让他坐上轿子或板车，在众人的簇拥下在村里挨家挨户地巡游一圈，也好出出风头。接下来，村里人就要杀猪宰羊，做新麦煎饼、白面蒸饼、南瓜饼等各种面点，围坐在一起尽情吃喝，以此来慰劳辛勤劳作了大半年的自己。有些村子也会开展摔跤比赛，阔气一些的，会给胜者一头黄牛作为奖励，场面极为热闹。

　　朝鲜族极为重视秋天，农夫节之后，在每年的农历八月十五，还会举办秋夕节，亦称"中秋节""嘉俳节""嘉优节"等，也曾是朝鲜族"一年最重之名节"。这天，朝鲜族人会来到祖先墓前，割除杂草、陈设祭品举行祭祀。各家都要用刚收获的新谷制作打糕和松饼，准备丰盛的酒食招待亲戚朋友。节日期间，村与村，屯与屯之间，要进行摔跤、荡秋千、跳板和各种球类比赛、射箭比赛等民间游艺活动，如此热闹数日才结束。

　　无独有偶，同为少数民族的满族也有这样一个庆祝丰收的节日，这就是"丰收节"。

　　"五谷丰登大有年，家家欢庆笑开颜，杀猪推碾磨新面，整备丰收第

一餐。"当秋风吹起，五谷泛黄，开镰收割之际，满族人就开始预备庆祝丰收的仪式。家家户户开始杀猪、烀方子肉、做豆腐、煮豆饭，蒸黏糕，端出一道道美食。随后燃香，在供桌上摆上各色果品，全家老少祭祀神灵和祖先。祭祀过后，邀请亲朋好友同聚，推杯换盏，载歌载舞，共享丰收的喜悦。

除了丰收节，满族人还有一个源远流长的秋季习俗，那就是秋祭。

吉林省四平市伊通满族自治县是满族文化的发祥地之一，每年春秋两季都要举行祭天活动，少则五日，多则七日。各姓氏通常以血缘族姓为单位举行，有的会在高山之巅竖起旗杆，有的会在郊外选择一棵枝繁叶茂的参天古树，设坛祭祀。祭祀通常由族长主持，宰杀猪、鹿、狍等野牲供给神灵，萨满跳神、请神，全族上下焚香跪拜、祈福。随着先祖入关，春秋两祭逐渐演变成秋祭，秋收后，每家每户都在家中庭院放置数块巨石，石中间立一根木杆，上端放着木斗或者草把，准备好酒肉果品等，供奉给神鸦、神鹊。

虽然在城市化浪潮的冲刷下，部分古老的秋祭习俗已经逐渐简化，甚至消逝在历史的长河中，但人们在秋天感恩土地、感恩时节、感恩长辈的心情却始终如一。

朝鲜族向来以"东方礼仪之族"闻名，自古以来，他们就把尊重老人看成家庭乃至整个社会生活中极为重要的传统。自20世纪80年代以来，在朝鲜族聚居的延边地区，各地都成立了老年协会；1984年，将8月15日定为"老人节"。在这一天，60岁以上的老年人都要佩戴上大红花，风风光光地接受人们的庆贺。人们摆上花甲宴、斟满祝寿酒，端上打糕、冷面等传统食物，尽情地歌舞、游戏，为他们送上问候与祝福，让老人们享受节日的欢乐。

在吉林省长春市东南部有个"净月潭"，因形似弯月状而得名。它建成于1936年，本身是用作给城市供水的水库。如今，人们已不再用此潭取水，将其连同周边占地面积100多平方公里的人造森林打造成为国家级森林公园。

净月潭集湖、林、山、田于一身，除了清丽澄碧的碧水之外，还拥有亚洲第一大人工林海，"净月风光"也是"吉林八景"之一。这里丘陵绵延，将一潭碧水环绕其中，山间层峦叠嶂，水面碧波荡漾，松风托月，鸟语幽深，更是被誉为"长春绿肺""绿海明珠"。

净月潭的四时风光不同，不同的季节来到这里，或赏荷花垂柳，或观野鸭白鹭，或拾秋叶红枫，或赏北国冰雪，或骑行或泛舟，或徒步或登临索道，令人流连忘返。

在净月潭的观潭山上，有座气势巍峨、风格独特的塔楼，它还有个美丽的名字——"碧松净月"。碧松净月塔楼自建成之日起，就成为净月潭风景区的标志性建筑，在每年的重阳节之际，许多吉林人还有来这里登高的习惯，拾级而上，极目远眺，顿觉心旷神怡。据说在这天登上塔楼，还能为家中老人祈福。因此每到重阳节，男女老幼携手登塔后，还会在熙熙攘攘的人群之中虔诚地为老人祝祷，祈愿健康长寿、幸福安宁。

以小见大，每一项秋日的民俗，都是对过往的追溯和对未来的祈盼，当它映入你的眼帘之际，那些情结与期望，仿佛也不再遥远。

金天

03

奇粒闯荡岁月天
——洮南松子

跟着一颗松子,从吉林出发,往回走,穿越历史,往前走,闯荡世界。

去过吉林省梅河口市的人都知道,这里果仁浓香满城飘。没去过也不打紧,你一定吃过这里出产的红松子。

梅河口,位于长白山西麓,既不通江也不达海,却能将来自我国多地乃至俄罗斯、蒙古国多国的松子加工后销往全球,是"亚洲最大的松子集散地"。目前,这个小城生产的松子果仁,占全国产量的 80% 左右、全球产量的 70% 左右。

馥郁美味和自然馈赠,历史制度的变迁和现代经济的发展,吉林的物华天宝和文明多元一体的格局……一枚松子,穿越历史与现代,连接中国与世界,表达着不同族群的生存方式,又包含着人类共同的记忆。梅河口松子成为传奇,是吉林的骄傲,亦是中国的成就。

人们称松子是果仁中的贵族和贵族眼中的松子,这话一点儿不假。

虽一手打造"松子帝国",梅河口却并不是松子主产区。溯源,要从长白山深处开始。

作为地球上最古老的植物之一,松树已存在约 3 亿年,松子的历史自然比人类的历史长得多。据现存文献记载,松子在中国的食用历史,可追溯到距今 2000 多年前的汉朝。"味甘补血,血气充足,则五脏自润,发白不饥,仙人服食,多饵此物,故能延年,轻身不老。"如《汉武内传》所记,认为松子是能延年益寿的好物。得益于松子药食同源的特性以及古代食品匮乏、缺医少药的实际,古人对松子向来推崇。

至唐朝,松子的养生功效越发深入人心。首次把松子作为贡品献给唐王朝的正是位于东北的渤海国。渤海国由靺鞨族建立,也就是满族人的祖先。

和中原农耕文化不同,满族先民长期以采集、狩猎为生,很早就了解到松子的价值,形成了赴长白山区采集松子的习俗。这一习俗至清王朝建立后被纳入一项制度——打牲乌拉。

打牲乌拉,满语为"布特哈乌拉",意为"江河渔猎之地"。打牲乌拉总管衙门设立于清顺治十四年(1657),是清代四大朝贡衙门之首,直属内务府,负责清皇室贡品采捕、储藏、运送及呈进等事项,几乎延续整个清朝时期,历史地位突出。

松子是清廷打牲乌拉总管衙门的主要贡品之一,主要是"供奉先祖佛堂"之用,兼顾贵胄日常食用。《打牲乌拉志典全书》中专有"采捕松子"一章,记有:"今恭遇寿皇殿,安佑宫添贡,高宗纯皇帝圣容位前,每逢朔望,各供干果九大碗,内应用松仁。"乾隆帝称赞松子"因知希世珍,不与凡卉同",又创"三清茶",以雪水将梅花、佛手和松仁同煮,以此茶宴饮君臣。

那么,松子从哪里来?盛京围场。围场总管署设在海龙。盛京 105 围、"鲜围"15 皆在海龙境内。鲜围,即采捕时鲜,每年分 4 次,向朝廷进贡野味山珍。松子一项,尤为紧要。1985 年,海龙撤县,更设为梅河口市。梅河口与松子"前缘"早定。

民间常语:十斤汗水一颗塔,十斤松塔一斤子。这是真实的松子采集

长白山松桦林

硕果累累的红松塔

的写照。

在梅河口，你随时都可能吃到老祖宗同款，说得通，那可能来自500多岁的松树所结。

就算最年轻的松子，起码也有50余年的"松龄"。这是因为一棵野生红松20年才能结籽，30年籽粒饱满，总共50年才开始结种。而松树从受精到成熟脱落，又要花费3年左右的时间。在自然如此耐心的孕育下，松子"补气充饥，养液熄风，耐饥温胃"的功效一点点生长出来，"长寿果"的美誉也一代代流传开了。

原始松林，渴饮山泉水，眠有日月相伴，不施肥，不打药，没有人工干预，松子收成一切看天意。一般来说，红松生长周期越长，松塔个头越大，松子颗粒也越饱满。三年一小收，五年一大收。遇大年，一棵树能结上百个塔；小年，可能只有十几个。每5斤松塔最多产1斤松子，只有10～15粒个头最大的能达到特等品标准。

松子名贵，世人尽知。可在封建王朝，能无忧无虑享用松子的只有皇室。从制定打牲乌拉制度开始，采松的齿轮就开始转动，一切依律而行，十分严苛，负责采捕贡品的人叫作"打牲丁"，是整个链条的最末端。

每临采松时节，清廷会派出三旗，每旗各由一位骁骑校率领，每队打牲丁150人，整装前往山场。据《打牲乌拉志典全书》等文献记载，每

↑
天然野生松子

年采打松子总量是22石9斗2升，计重8700斤，松塔1000个。因闰年往往是丰年，所以每逢闰年还要增采170斤。采捕完成，供奉九祖佛堂的松子，须在九月里用黄布口袋封好，星夜兼程送往北京，余者在十月送达，这才是御膳所用。

满族先民崇敬萨满教，松子采集也处处表现出萨满教的传统。采捕松子意义重大，在清代，"进山打塔"有一套完整仪式：每年白露过后，采摘松子之期。从进山前半个月开始，"打塔人"（都是男性）为向神灵表示虔诚之意，便不再接触女性，进山前沐浴净身；每次采集出发前，队伍会向着日月星辰叩拜祈祷，进山后，打塔队伍的行走方向和采集目的地，都必须通过占卜来决定。占卜的工具通常是鱼、羊、野猪、鹿、狼、狍等的肩胛骨和牙齿。一般来说，采集者在进山的路上遇到哪种动物，就用哪种动物的骨头作为占卜的工具。到达打塔地点后，采松者会选择朝阳临河之所搭建小庙以举行祭祀仪式：点起篝火，向篝火里敬洒，保证篝火一直燃烧不灭。从古至今，采摘松子在吉林都是一项"艺能"。直到现在，吉林林区进山采松塔的"打塔人"，也会先搭建"抢子"（意为"临时住所"），再选择良辰吉日举行敬山仪式，祈求平安顺利。

涉霜露，冒风涛，众人"蹈百死而不辞"。真正的危险在仪式后才刚刚开始。

成熟的红松高达30~50米，松塔结在树尖，树木顶尖四处分叉，分枝很细，一阵风过来就晃得厉害，胆小身重者可干不了这个活儿。采摘者大多徒手攀爬上树采塔，用特制铁钩，把成熟的松塔钩下来。采松人都练就了松鼠的本领，眼睛就是"尺"，从外观、颜色、形状就能判断一颗松塔的品质。打下松塔，树下收集，剔除虫塔，翻山越岭，背扛肩挑运输出去，体力差的人也干不了这个活儿。何谓"十斤汗水一颗塔"，就在于此。

如果人间还有传奇，那么吉林梅河口松子的传奇就是一部真正的民间传奇。

一颗颗松子，受莽莽深林育化，是人与自然共存的符号。数百年来，民间智慧与技术工艺交织、渗透，松子的足迹，远比我们想象的走得更远。而梅河口的松子产业，从遥远的"鲜围"到今天的世界级体量，意义并不仅是续写辉煌，更在于创造了新的传奇。

今天，再不会有打牲乌拉制度对打牲丁的压榨，再不会有专供的特权。松子是人人可享的美味。今天，采塔的真高手，不仅速度快，更懂得不抢青塔、不取小塔，采塔而不伤树。今天，深山依旧不通车，但采摘者完成采松，另有他人把成袋的松塔背出林子，装车载运，团队协作，有序进行。今天，松子加工有一整套产业标准和溯源体系。梅河口的今日繁荣所代表的是现代吉林人的独到眼光和敢为人先。

自20世纪70年代末80年代初，梅河口人偶然得知国外对松仁产品的需求，就马上着手铺设渠道。本地并非松子良壤，他们便试着在长白山区收购松子，经过脱壳、烘干，加工成松仁出口。长白山区盛产的红松松子，比日本的松子更香，较俄罗斯的松子更洁白、细长，很快就受到国际市场认可。

20世纪90年代末，松子加工机械设备投入使用，取代了部分人工，生产效率得到大大提高，越来越多的松子资源和加工企业汇聚梅河口，使其逐渐成为依托松子加工、贸易基地以及松子商业信息中心。

↑
松子加工

果仁市场日渐成熟,"梅河口松子价"甚至成为国际标准价。

小松子拼出大产业,梅河口松子如何"一骑绝尘"?靠的是成熟加工和质量把关。从这方面来看,现代人可比清朝皇室幸福得多。

新鲜翠绿的松塔采摘下来之后不能立刻脱籽,要堆放一段时间晒个"日光浴",待松塔脱水变软,颜色转为棕色后,存入冷库,以保其鲜。接着,用滤网分级,选出大粒,去除瘪籽。再以细砂打磨去皮,就得到了一枚圆滑光润的松子。整个过程,不允许"化妆",杜绝滑石粉等任何添加剂。此时,上好的松子呈橘红色,只等关键一步就能"开口"——油炸。

油炸温度过低,松子太嫩;温度过高,松子发苦。老师傅掌握油温和时间:130~150℃低温,炸5~7分钟。不同批次的松子,干湿有差,靠经验"导航",微调即准。最后配合高速离心脱油工艺,才能保持松子口感酥脆,好吃不油腻。经多次筛选、检验过关后,最终包装成品上市。依靠成熟的全产业链管控追溯技术,任何问题都能迅速定位环节,加以修正。

近年来,随着加工能力的不断提升和贸易市场的扩大,松子的采购已经从长白山拓展到小兴安岭、云南、陕西、山西等地以及俄罗斯、朝鲜、蒙古、巴基斯坦、哈萨克斯坦等国家和地区。目前,梅河口市果仁加工企业中半数以上有进出口经营资格,主要产品有红松、雪松、马尾松、云南松、巴基斯坦松等多品种松子果仁,销往国外40个国家和地区。

梅河口市果仁年出口量在全国占有重要位置,既是梅河口市外贸出口额的重要支撑点,也是出口创汇支柱产业。

现在,梅河口市加工企业超300家,年均产值达30亿元,带动了当地及周边近4万人就业。不仅如此,梅河口市松子加工企业已从红松塔开发出松子咖啡、松粉胶囊、松子露、松子油和松子化妆品等产品,你能想到或想不到的,梅河口人都在积极尝试。

旧时,松子从吉林运至北京,为皇室所独享。今天,松子是我们日常都很方便购买和食用的坚果。世界松子看中国,中国松子看梅河。"无中生有，有中生新"，这是梅河口发展果仁产业的成功范例。吉林的底气也是中国食品加工业的底气。

秋风起，松果落，剥开松子，知甘知苦。于白山黑水、橘红晶莹间，看见吉林。全球同此香润。

04

北土辣心自成王
——洮南辣椒

地球上，如果把喜食辣椒的区域标记出来，能形成真实的"辣带"：一条从大西洋东岸到缅甸、孟加拉国、印度，折向巴基斯坦、阿富汗、伊朗以及北非各国；另一条从泰国向东南来到马来西亚、印度尼西亚等国。中国恰处于交汇区域，"辣带"纵贯南北，就此形成。

在惯常印象之外，谁能想到"辣带"并不显著覆盖的东北地区，却藏着中国"最会种辣椒的地方"——吉林省洮南市。谁又能想到，这个以"辣生生"闻名的地区并不嗜辣。

擅种而不喜食，百年间，辣椒与这座城市的羁绊，到底呈现出怎样的发展足迹？从辣椒传入中国、千椒竞辣，到东北小城闷声夺魁、独树一帜，洮南又为何能脱颖而出？

↑
红火的生活

众所周知，辣椒对于中国是舶来品。

大航海时代加速了物产的流动。辣椒从原产地南美洲出发，开始了全球旅行，进入中国时，走出了两条路：向北，沿着丝绸之路，从西亚入新疆以及甘肃、陕西，整个西北都喜辣；南边经马六甲海峡，进入云南、广西，进而延伸至湖南、江西，又征服了半个南方。

辣椒有什么魅力？

1591 年，在哥伦布发现美洲新大陆一百年后，明代戏曲家高濂在他的《遵生八笺》中，提到了辣椒这种美洲作物，称其："番椒丛生、白花，果俨似秃笔头，味辣色红，甚可观……"这一对于辣椒色、形、味的描述开阔了时人的视野和想象。

紧接着，1592 年，朝鲜爆发了"壬辰倭乱"，辣椒乘着海洋的咸风进入朝鲜半岛，很快传入辽东。

现在，我们并不能准确判断这些历史事件之间的关联，也很难完整勾勒辣椒进入东北的完整路线图。但从辽东地区对于辣椒的记载之丰可以断定，明清时期，生活在东北的先民已经跟辣椒打过多次照面了。

清代，《广群芳谱》将辣椒列入"蔬谱"，辣椒被真正视为一种蔬菜或调料。清朝之前，中国人关于"辛辣"的描述，多半与葱、姜、蒜、花椒相连。辣椒的"直白"与"火爆"为中国人的餐桌所接纳。

在中国东北，关外寒气与热带风情相互碰撞，为辣椒辟出一块天然土壤——正是今天的洮南。

没到过或是没听说过洮南都不打紧，你一定吃过它产的辣椒。延边腌菜、辣锅热汤、烧烤蘸料，在东北，广受欢迎的风味里处处可见洮南辣椒的身影，处处能映衬出洮南的标志性形象——东北最大的辣椒集散市场和种苗供应基地。

洮南，仅一个村镇的辣椒经纪人就超过千人，年产辣椒超过五万吨。要说这里是"东北辣心"，毫不夸张。而它与辣椒的缘分甚至比想象中更深厚。

你可知"保辣区"有多少动人的故事，有多少难忘的传说？

仲夏燥热，大地蒸腾，湿闷的天气期待着一场大汗淋漓，辣椒是最强助攻手。冬风凛冽，天寒地冻，骤降的温度需要由内而外隔离，辣椒是可食小暖炉。对于喜食辣椒的地区，辣椒是不可或缺的生活劲头。而在中国东北，这股劲头多半来自吉林洮南。

一望无垠的田地里，作物长势正旺，离丰收不远了。最扎眼的一抹红羞答答地隐在绿叶下，浓烈的气息已经穿透空气直抵喉头。

俯瞰洮南，辣椒种植面积以福顺镇为中心，周围10余个乡（镇）都种植辣椒，常年种植面积稳定在15万亩左右，并辐射周边12个县市（区）、70多个乡（镇），域内外辣椒种植基地总面积30万亩。这些地区为全国贡献了大批优质辣椒。目前，洮南辣椒有福顺红、金塔、101、北京红、千金红等10多个品种。

↑
红红火火

对于洮南人来说，种好辣椒要达到什么标准呢？是看家本事、经济支柱还是智慧输出？答案是：都是。

个个保辣、保质是洮南的品相。这里有种植辣椒的习惯，将红干椒作为商品已有近百年的生产加工历史。根据权威鉴定，洮南辣椒有辣味浓、味道香、色素和维生素含量高等特点。维生素 C 含量高，是番茄的 7~15 倍，富含胡萝卜素、辣椒碱、辣椒红色素等。

每年秋晒时节，景致颇为抢眼。在洮南，你能看到晒辣椒的壮观场面：辣椒的鲜艳如同它刺激的味道，让人近之即感热烈。辣椒晒场不在竹匾，不在木架上，也不在窗台上，辣椒享受"日光浴"的场地是整条街道，甚至全城中心区都给这个绝对主角让位。

等到辣椒上市，又是另一番盛况。在洮南，你能感受辣椒交易的风云变幻：走进这座城市，"遍地红"冲击视野，人头攒动多是外地客商，辛辣的味觉想象与眼前的繁忙实况交叠。

洞见传承·人文吉林

↑
木墙上挂着红辣椒

↑
红红火火

洮南大街小巷、各个市场，每天都上演辣椒收购战。辣椒出手时机全凭供需双方对"火爆市场"的经验和判断，有没有赚头儿片刻即见分晓。此时，街市上的热闹动静不亚于辣椒入油锅时的噼里啪啦声。

从早到晚，全国辣椒相关产业的从业者的不断涌入，知名的辣椒加工厂家、辣椒狂热爱好者都投入极大热情来寻找心仪的辣椒。其至有韩国、巴基斯坦等国的辣椒商也加入进来。他们需要在辣椒最新鲜的时候封装集运，用最快的速度将辣椒送上加工台，送进更远的市场。

一组数据显示，如今作为洮南市辣椒产业代表的福顺镇，拥有经纪人1000多名，冷库17座，年加工速冻鲜椒5.5万吨，储存干椒2.6万吨，收购贩运车辆1000余台，门店130多家，市场年交易总额1.5亿元以上。并且，这些数字还在逐年迅速增长。

洮南辣椒市场当之无愧成为东北地区最大的辣椒集散市场和种苗供应基地，在全国也享有盛誉。

打出一张王牌，于是，椒王漂洋又过海啦。

既然是辣椒供应地，洮南当然有"王牌"，最拿得出手的是哪张牌呢？这就要说到"金塔"。

"金塔"辣椒原产地为韩国，但因所耗人力大、种植条件近乎苛刻，韩国本地生产"金塔"的规模逐步缩减。20世纪90年代初，韩国开始从中国山东进口"金塔"。而从2000年开始，善于发现的洮南人开始从韩国引进金塔辣椒种苗，后来者居上，因品质优越、运输便利，很快成为韩国进口辣椒的首选地。现在，洮南的"金塔"辣椒年产量已达全国第一。

洮南确实是辣椒的"福地"。从匹配度上来看，辣椒对土壤酸碱度异常敏感，而洮南肥沃的黑钙土是中性的，正对胃口。从全年气候来看，洮南地处中温带大陆性季风气候区，昼夜温差大，春季多风少雨，冬季寒冷少雪，日照期长，光照强烈，雨量主要集中在7、8月，加之干爽秋风的助力，非常适合辣椒"蹿个儿"和自然风干。成熟的洮南辣椒，果形多为长锥形和长羊角形,皮质厚、个头匀,单果净重为 3.0 ~ 3.5 克,色泽鲜亮。

　　旺盛的需求与持续的供给形成坚固的贸易闭环。从耕种、收获到加工、销售,洮南建立了一条龙式的辣椒产业链条,被评为"吉林名牌农产品",获得"北京国际农业食品博览会金奖",并先后被命名为"中国辣椒之乡""中国辣椒第一市"。2008 年 8 月 22 日,原农业部正式批准对"洮南辣椒"实施农产品地理标志登记保护。

　　有趣的是,洮南人种植辣椒的手艺一绝,但对于"个性火爆"的辣椒味儿并不偏爱。一般而言,擅长种植某种作物的地区也有善食此物的习俗,洮南怎么就成了例外呢?

↑
腌菜坛子

↑
大酱腌辣椒

吉林东部一些地方相对湿度在65%以上，属温带季风气候，平均降雨量在1120毫米以上，湿度大，客观上促成了一定的食辣环境。但洮南地处西北部，几乎四季干爽，当地人更习惯温和的饮食。

更重要的是，"定居"洮南的辣椒，在百年拼搏中拓出了新的"旅行攻略"，喜欢走出去。

其中，一条去往吉林延边地区，供给喜辣的朝鲜族同胞。

据《朝鲜风土记》记载："国人无分贵贱，皆酷嗜辣椒，极沃之田多种此种，收后或晒于屋上，或凉于田间，远望之如火如荼，颇也骇目，市中堆积如山，或有舂为细末经售人者。"

朝鲜族古代有食辣传统，现代依旧。人口较多的朝鲜族家庭，至今保存着一年储备一百多公斤辣椒的习俗。每到秋冬，延边的朝鲜族同胞在室外摊晒的干辣椒以及各种大大小小的腌菜坛子，让辣味充斥于空气中，别具特色。

另一条去往韩国以及日本、德国、马来西亚、朝鲜等多个国家和地区。从秋季一直到初冬时节，一辆辆大卡车从洮南出发将辣椒运输出去。

韩国人喜好泡菜和各种辣味，对辣椒的需求量巨大，主要依赖进口，每年的交易量可达数万吨。目前，韩国是洮南地区辣椒的最大进口国，洮南向国外出口的辣椒中，有近八成输往韩国。

洮南小辣椒，已成大产业。东北辣心，源自吉林辣王。

独特"嫁妆"述来历
——朝鲜族苹果梨

梨子因其口感清脆、多汁且具有丰富的营养价值而备受人们的喜爱。在中国,梨子的品种繁多,其中有一款以果面带点状红晕、酷似苹果的品种分外特别,它原产自朝鲜半岛,后经朝鲜族同胞带到吉林延边栽培优化,不断培育,终成优良的梨品种,融入中华民族名梨家族,它就是有中华"丑梨"之称的苹果梨。

当各地人们品尝苹果梨的时候,你可知当年朝鲜族背井离乡跨过鸭绿江,深深植入这片中华大地,作为一个跨境民族在新的家园生根发芽的甘苦?苹果梨讲述了一个神奇而真实的故事。说起来,苹果梨源自朝鲜半岛,真正的境外开花境内香。

苹果梨的历史,可以追溯到1921年,当时延边龙井市老头沟小箕村农民崔昌浩从朝鲜引入了6株梨树的接穗,与本地耐寒山梨砧木嫁接,经过多年的培育,形成了优良的梨品种——苹果梨。这种梨因其果形扁圆,果面带有点状红晕,酷似苹果,因此得名。随着多年来的不断发展,延边苹果梨得以飘香四海,而世界各地所有的苹果梨都发源于此。

苹果梨果大,平均单果重250克,最大者可达700克。果皮黄绿色,储后转为鲜黄色，阳面有鲜红晕，黄红相映，整个果面多杂浅色锈斑，十分鲜艳夺目。延边苹果梨果肉洁白、细嫩、水丰汁浓，口味鲜美香甜，甜酸适度，肉色乳白细腻，质地脆而汁多，果核小，含有丰富的维生素C、钙、铁等营养成分。

独特的风味，来源于延边地区独特的地理、气候条件，延边州的延吉、龙井、珲春、图们、和龙等县，土壤肥沃、气候冷凉、昼夜温差大，十分适宜苹果梨生长。而这里，也是我国最大的朝鲜族聚居地区，也是朝鲜族民俗文化保存最完整的地区。

其实，甘甜的苹果梨记载了朝鲜族形成的真实而生动的故事和过程。

一如苹果梨翻山越岭、岁月衍化的过程，朝鲜族也有着坎坷的迁徙过程。朝鲜族祖先来自朝鲜半岛，早在明末清初，有一部分朝鲜族的祖先就已定居在中国华北、东北境内。从19世纪中叶开始，由于当时朝鲜封建统治阶级的剥削和压迫，再加上1869年前后朝鲜北部遭受了连续的自然

↑
梨花报春

洞见传承·人文吉林

梨花盛开的地方
↓

↑
梨花仙女

↑
梨花树下话家常

灾害，饥寒交迫的朝鲜农民纷纷背井离乡，越过鸭绿江和图们江来到中国，在两江一带开垦，同汉族、满族等族人民杂居共处。

19世纪末，清政府的封禁政策逐渐得到解禁，随后实行招民开垦政策。1881年，在吉林设置荒务局，在南岗（珲春）、延吉、东沟等地设置招垦局，招募移民，凡应募移入者，均为中国臣民。1885年，清政府将图们江北岸长约700里、宽约50里的地区划为朝鲜族农民专垦区，更便于朝鲜农民大批移入东北地区定居。

1910年，日本强迫朝鲜政府签订《日韩合并条约》，朝鲜沦为日本殖民地。不堪忍受帝国主义残酷剥削和压迫的朝鲜人民和部分爱国人士，大量移入中国东北各地，到1918年已达36万多人。而"九·一八"事变发生后，日本帝国主义为加强对东北地区的统治，强制朝鲜人移居中国东北。据1940年8月统计，自1937年到1940年，日本以"集团开拓民"等名义强制移民到东北各地的朝鲜农户就达14725户。

到1945年日本战败前，在中国的朝鲜人数量已达216.5万人。1945年8月日本投降以后，部分朝鲜人开始陆续返回朝鲜半岛。经过几年的人口变动，至1949年中华人民共和国成立后趋于基本稳定。1953年全国第一次人口普查时，朝鲜族人口为111.1万人。

苹果梨，深深地记载了朝鲜族对吉林的贡献。

投之以桃，报之以李，作为一个农业民族，朝鲜族以在寒冷的北方开展种植业著称，在中国农业史上，他们也揭开了新的一页。原来图们江、鸭绿江流域多为山区和丘陵，气候寒冷，无霜期最短110天，最长160天，而且都是野草丛生，树根盘绕的荒原或沼泽地带，不易种植。但朝鲜族先民不畏艰辛，刨地拓荒，终于使水稻在中国东北地区得以种植。

1877年延边开始种植水稻以来，1906年，朝鲜族农民在和龙县勇智乡大教洞开掘了长达1308米的渠道，灌溉了33顷水田，并获得较高产量，从此延边地区的稻田面积逐年增加，成为中国东北地区著名的水稻产区。稻产区据统计，至20世纪20年代，吉林省延边地区、吉林地区水田的 100% 和通化地区水田的 85%，均是由朝鲜族人民开发耕种的。

而苹果梨也是在这个历史背景下衍生而出的。虽然来自朝鲜半岛，但它们在这片新土地上生根发芽，不断优化，根在东北平原上越扎越深，也日渐形成了新的品性和风格，成为"青出于蓝而胜于蓝"的优良果种。

朝鲜族人民勤劳、勇敢，在中国深受日本殖民统治者、反动政府和封建地主的三重压迫和剥削时，朝鲜族人民积极参加了中国共产党领导的各个阶段的反帝、反封建斗争，为中华人民共和国的成立做出了应有的贡献。在整个新民主主义革命斗争时期，朝鲜族人民的英雄儿女英勇奋战，不惜牺牲，谱写了无数可歌可泣的壮美诗篇。据延边朝鲜族自治州政府统计，政府登记在册的革命烈士就有 14740 名，其中朝鲜族革命烈士占 97% 以上，延边朝鲜族中平均 20 户里就有一名烈士。如今，延边的各城镇和乡村到处矗立着缅怀烈士的革命烈士纪念碑，正如著名诗人贺敬之所道："山山金达莱，村村纪念碑。"

在延边，有许多苹果梨"百年祖树"，这些老树，都清晰地传承着民族深情。

肥沃的东北大地，包容滋养了这群勤劳的人民，培育了不断优化的新品种。后经几代人的精心栽培，不断选育，于 1958 年定名为苹果梨。中

↑
延边苹果梨基地采摘

↑
苹果梨

↑ 梨花深处是我家

华人民共和国成立后延边苹果梨的栽培得到了迅猛的发展，苹果梨的栽培，已经遍布东北、华北和西北地区的20多个省。

不论走出多远，延边苹果梨文化特色与延边朝鲜族民俗文化内涵都息息相关，有关苹果梨的历史传说、民俗文化、旅游文化、文学作品不胜枚举。龙井人民把苹果梨"百年祖树"视为自己的根，把苹果梨当作家乡的骄傲，从而衍生出歌曲、舞蹈、诗歌等形式多样的文化作品。"碎玉绡冰满枝头，香雪扑面老树瘦。一江寒露春带雨，万亩梨园尽娇羞"，生动地描写出了苹果梨园的盛景。

每年农历正月初一，当地果农都会带着预先准备好的红布条，虔诚地来到祖树下面，小心翼翼地把红布条系挂于树枝上。借祖树存活百年神通，保佑新的一年风调雨顺、丰产丰收。

"春赏万亩梨花香雪似海、夏看繁星点点坠弯枝头、秋品硕果累累香甜爽口"，形象道出了苹果梨景区的旅游特色。"五一"前后，满园梨花竞相绽放。放眼望去使人心旷神怡。游客们在目睹祖树花开满枝头的同时，许下美好祝愿。

中秋佳节，赏月、吃月饼、品上几个味美甘甜的苹果梨，也是延边地区独特的饮食文化。圆月当空，家人围坐，品尝完月饼后再吃上几个苹果梨，寓意全家人团团圆圆、生活美满幸福。另外，买上几盒包装精致的苹果梨赠予亲朋好友，传达一份美好祝福，也是延边朝鲜族与其他地区人民的文化往来。

如今，苹果梨已被电商加持，当代苹果梨的新生之路已经形成，畅通无阻。

1985年，在全国农牧渔业检评会上，龙井苹果梨被评为全国第一优质梨，延边苹果梨不仅因其优良的品质和独特的口感受到国内外市场的欢迎，还因其深厚的文化内涵和与延边朝鲜族民俗文化的紧密联系而闻名。延边苹果梨的栽培系统于2015年入选中国重要农业文化遗产，围绕苹果梨种植生产形成的农耕器具、生产方式、民俗文化以及苹果梨在长期发展演变中形成的"野生山梨—人工嫁接山梨—苹果梨—苹果梨文化"这一苹果梨种植发展历程，共同构成了"百年苹果梨产业、百年苹果梨遗存、百年苹果梨起源"的延边苹果梨栽培系统。

延边最古老、品质最优良的果园——龙井的万亩苹果梨园，有连绵20余公里、树龄达60多年的连片苹果梨树，是亚洲最大的标准苹果梨生产基地。果园坐落在帽儿山的斜缓山坡地带，毗邻龙井市区，在这里可以欣赏到海兰江畔朝鲜族乡村的自然风光，体验到白衣民族怡然的田园风情。

而随着电商的发展，延边苹果梨遍及各地，当苹果梨香飘海内外的同时，更多人也从这甘甜的水果中，咀嚼到一个跨境民族融入中华民族大家庭、开出奇异之果的甘甜。

金天

06

巧手绣得芳菲卷
——草编、芦苇画、粮豆画

  吉林民谣这样唱道："编一棵大树乘风凉，编一把笤帚扫炕墙，编一张席子地当床，编一个包包伴新娘。""编一个梦想五代堂，编一个画卷万里长，编一个年月响当当，编一个时代好乐章。"

  吉林地形东南高西北低，高耸的长白山脉，一望无际的松嫩平原，无数良田沃野点缀其中。每到秋天，稻菽卷起千层浪，五谷丰登耀金黄，是一年中最忙碌、最美的时光。

  这片广袤的黑土地，造就了吉林人豪放大气、勇于拼搏的气魄，也为民间艺术的创作提供了充足的养料，不同于江南手工艺品的婉约精致，这里的手工艺品往往质朴率真却又夸张浪漫，充满了东北风情风趣。

  点草成金，变废为宝。靰鞡草、芦苇秆、苞米皮、柳条、蒲草、粮豆，这些俯拾可见又毫不起眼的材料，在手艺人的一双双巧手、一颗颗爱美之心下，摇身一变，就成了各种各样的艺术品，并被赋予了新的生命。

  董丛仁，吉林省工艺美术大师，吉林省非物质文化遗产代表性项目——"董氏草编"创立人。提起这位老先生，他一辈子和各种"草"结

洞见传承·人文吉林

↑
董氏草编

下了不解之缘。

董老先生于1937年出生于吉林省德惠朱成子乡宫家店屯，在别人家的孩子还在成天玩泥巴的时候，他就对父母用草编织的各种器具产生了兴趣，小小年纪就会编炕席、席瘘子、盖酱缸帽子。六七岁时，还编出了一只马莲座，让亲戚朋友赞叹不已，都亲切地叫他"董草人"或"草人董"。

虽然他在此后的职业生涯中一直与美术设计为伴，但真正研究草编，是从他退休之后才开始的。

他采撷了多种自然材料，在对比研究之下，最后选择了最普通，也最廉价的香蒲草、麦秸、玉米叶来作为草编的原材料。经过十多年的摸索，总结出了十字扣、莲子扣、米字扣、曲径扣、梅花扣、粽子扣、套扣、马莲朵、万字编法、十字编法、麻字编法、三股辫子、四股辫子等各种编法，还形成了串接、串联、拧编、包裹、粘贴、缝绣等一整套工艺技法。在他的十指翻飞之下，一件件精美的草编工艺品不断面世。在人物塑造上，既有卖糖葫芦的农村老汉，纺线的大娘大嫂，赶马车卖年货的小伙儿，拉冰爬犁、玩铁圈、打冰壶的孩子，上山采人参的老把头，也有姜太公，《西游记》里的取经四人组，三顾茅庐的刘备与诸葛亮，个个都惟妙惟肖，活灵活现。人老心不老的董老先生近些年来还创作了与时俱进的《月亮之上》《求婚》等新作品，颇受年轻人的喜爱。他的草编作品也频频在东北亚投资贸易博览会、农博会等各种大型展会和文化交流活动中亮相。不起眼的草叶经过巧手编织，不仅登上了大雅之堂，还带火了吉林的草编艺术，老先生也成了远近闻名的民间文化使者。

草编技艺的发展，还催生出了这样一群人。她们坚守传统工艺，专注于靠一双巧手让不起眼儿的秸秆"七十二变"，她们就是远近闻名的"吉林巧姐"。在吉林省榆树市的田间地头，数以千计的乡村女性将随处可见的苞米皮编织成背包、地毯、工艺品、汽车坐垫等，产品远销海内外，给当地增收超1.5亿元。"不点火不冒烟，坐在炕头编草编；不出门不出院，轻轻松松把钱赚。""吉林巧姐"们，用自己的双手创造出了一条脱贫致富的道路，更是展现出新时代乡村女性的风姿。

　　吉林人更擅长在传统技艺中不断创新。在长春市净月潭附近，有一座令人惊奇的草编博物馆。走进这里，仿佛走进了童话世界，造型灵动的小鹿、憨态可掬的笨熊、活泼可爱的小兔子各式各样、应有尽有，甚至还有各种"名画"，而这些全都是用草编成的。这些作品，不仅获得了 25 项国家专利，还在国内外的专业展会上多次获得大奖。一草一叶，都记录着几代人的辛勤创造，催开了文创之花。

　　在吉林省白城市大安市的牛心套保国家湿地公园里，一到秋天，依水而生的芦苇就美成了童话里的芦花白、秋草黄。"蒹葭苍苍，白露为霜。所谓伊人，在水一方。"当游客陶醉在这一方美景之时，这里的人们已经想着如何在芦苇上作画了。

↑
草编作品《瓜窝棚》

金天

  据传芦苇画始于唐，兴于宋，流行于明清，后因种种原因，一度濒临失传。因为取材独特、百年不腐，又被誉为"绿色艺术品"。2015年，芦苇画被列入吉林省非物质文化遗产代表性项目名录。

  牛心套保芦苇具有皮薄、节长、韧性好的特点，制作芦苇画主要是采用芦苇的地上茎，取材后要先打好底稿，将芦苇经过割、晒、晾、刮、碾、烫、润等前期处理，再经过烫平、抛光、拼接、粘合、着色等30多道工序才能编织成型。一折一弯之下，天地风雨、花鸟鱼虫、人物风景、花卉动物栩栩如生，巧夺天工，色彩上更是原色原味，浑然一体，醒目大气。小小的几杆芦苇，在经过精心编织之后，既能展现工笔刻画中的纤毫毕现，还有写意作品里的恢宏磅礴，可谓是返璞归真、妙趣横生。芦苇画制成之后，因为原料天然、质地坚硬，既不怕干燥，又不怕潮湿，因此可以做到不褪色、不变形、不老化，也无怪乎有人会以高价购买这样的一幅

↑
草编《西游记》

作品来珍藏欣赏了。

在吉林，土生五谷、藏粮于地。除了草木之外，人们一日也离不开的五谷杂粮在有心人的奇思妙想中演变成了特殊的手工艺品。

粮画，又被称为"五谷粮食画"，起源于盛唐。当时"五谷"在佛教和道教规仪中地位极高，被视作蕴含天地精华的吉祥之物，民间则将"五谷"作为辟邪之宝，故用来入画。

制作一幅不大不小的粮食画，往往需要好几天的工夫。当地里的粮食收上来后，首先要确定好主题，然后再制版、构图、挑选用于作画的粮食。这些粮食要经过浸药、蒸熏、晾晒，做一番特殊而必要的防虫防腐处理，才能进行粘贴、雕刻、拼接、增亮、定色、封面、装框等一系列复杂的工序，从而勾画出各色画作。花鸟虫鱼、狮虎马牛，千姿百态，惟妙惟

← 草编《骑马走天涯》

肖；人物写生，亲切可人，栩栩如生；还有青山绿水，农家小院，洋溢着乡土芬芳。自此，长在地里的粮食才能真正变成深受人们喜爱与欢迎的艺术品，从而身价倍增。

田地间的艺术还不止于此，在吉林省辽源市东丰县，这里的农民农忙挥锄犁，农闲挥画笔，怀着对绘画艺术的质朴追求，在土地上描绘着色彩斑斓、绚丽多姿的农民画，造就了吉林省一张闪亮的文化名片——东丰农民画。

东丰农民画起源于清朝末年，历经百年之久。早期的民间刺绣图样、民间祭祀绘画、民间剪纸、彩棚画、毛草纸画等都是东丰农民画发展的基础，又融合了汉族、满族等民族的文化元素，因此显得格外与众不同。

"画天画地画自己，只要心有愿景，笔墨皆可及。"农民寻来五颜六色的纸、乡间的一草一木，都是他们的创作灵感。在他们的笔下，田间耕作、炕头儿烧火、灶下做饭、纳鞋底儿等生活场景活灵活现，形象质朴、色彩明快、构图饱满，给人一种原始而具有生命力的冲击感。

如今，东丰农民画的名气传到了海内外，已有592件作品获国家级奖项，600多件作品被联合国和世界知名美术馆收藏，多次在瑞士、日本、德国等国展出。在东丰的中国农民画馆有2000余幅作品展出，在吸引游客一饱眼福的同时，也让这抹来自黑土地的幸福色彩更加绚烂。

"香稻三秋末，平田百顷间。"秋收，是吉林人的乡愁，也是每一年的希翼。而这巧手绘就的一幅幅画卷，承载着人们对美好生活的希望，怀揣着最朴素的浪漫，在金黄遍野、穰穰满家的日子里，在希望的田野上，致敬付出、礼赞收获。

07

康熙御砚定松花
——松花石砚

　　这是一款神奇的砚台，以手覆盖砚面片刻，抬起时，只见砚面凝结着一层水汽。置案台之上，墨汁凝塘，久日不干。这就是产自吉林长白山地区的松花石砚，它被赞"温润如玉，纡绿无瑕，质坚而细，色嫩而纯，滑不拒墨，涩不滞笔，能使松烟浮艳，毫款增辉"，有夏不枯、冬不冻、虫不蠹的优点，深受帝王喜爱，康熙帝封它为"御砚"，一直专供宫廷使用。因为宫廷御用，矿区常年保密，以致清朝结束后，松花砚消失了近百年。直到1979年重新发现旧矿，才回到世人面前。

　　长白山给予人类的慷慨馈赠中，松花石的形成耗时最久。8.8亿年前的震旦纪，海陆交替沉积，叠层石开始出现，随着地壳的演变，圣山长白山从汪洋大海里拔地而起，渐成巍峨。沧海桑田的过程中，那些由海底淤积的细泥和藻类形成的物质，逐渐被带出海面，藏于深山，形成矿藏。不同于春种秋收的作物，不同于百年成材的人参，这种矿石的成长，以万年为计量单位，经过地质的沉积、覆盖、压制等物理过程而形成，可谓集天地之精华。尤其是它由海泥沉积而成，质感细腻润滑，加之千万年在低温海水之中的浸泡，使得松花石温润含蓄，不燥不涩，平和淡雅，能将空气中的水分聚拢于表。手覆砚面水汽凝结的神奇现象，就是这个原因。

松花石的色彩也是其卓然不群的原因。由于长年累月经海水洗涤，松花石自然纹理丰富多样、色彩斑斓，以绿色最为多见，紫袍绿带最为奇特，杨黄绿色最为上乘……无论是纯色系，还是共生色系，都有其独特的魅力。乾隆皇帝就对纯绿色情有独钟，并认为由松花石雕制的松花石砚，堪比四大名砚的端砚，更是好于歙砚（"松花玉，色净绿，细腻温润，可中砚材，发墨与端溪同，品在歙坑之右"）。

松花砚的另一个特性，在于雕刻的技法。由于松花石坚硬如玉，硬度相当于金刚石的一半，雕刻技艺则难上加难，要将天然松花石与后天雕刻技艺巧妙地融为一体，还需匠人注入自己的思想精华。如此"天人合一"，一方好的松花砚才降生世间。

据史料记载，松花砚始于明末，盛于清代，还有清康熙亲自鉴宝的传奇。传说清康熙年间，有一举人进京赶考，寒冬腊月里，北京城滴水成冰，各地考生冻得墨都研不开，唯有一考生的砚台里，研墨不冻，书写自如，令人称奇。康熙也大为惊讶，予以亲检，果然起墨益毫，且石色如雪中翠松。康熙大喜过望，闻之乃龙兴之地出品，更为欣喜，赐封为"御砚"。还专门设置了松花砚作，专司松花砚的设计、雕制和保管。他还亲笔题写"松花石制砚所"，并给松花砚御题砚铭："寿古而质润，色绿而声清。起墨益毫，故其宝也。"松花石砚由此声名大噪，跻身国宝之列。

清雍正时期，松花石砚依旧被宠爱有加，曾御题"以静为用，是以永年"。有史书记载，雍正还命人在造办处增设松花砚作坊，征调三名琢砚高手入宫，专门从事松花御砚的制作。到了清乾隆时期，松花砚的制作规模空前，风雅的乾隆皇帝更是把松花砚作为"天赐圣物"，甚至将皇宫珍藏的六方松花砚载入《西清砚谱》之首。并对长白山实行封禁，合并砚作，查封库内材料，没有旨谕不得动用。松花石砚因此越发珍贵，存世极少。据统计，清宫廷共造松花砚不过280余方，现北京故宫仅存80余方。

因为松花石矿料只能由"造办处"特权采集、长期封禁，许多人寻遍白山松水，也找不到松花石的原采集地。随着清朝的没落，松花石砚犹如亿年前浸泡于海底的矿石，再次沉没海底，销声匿迹，令无数收藏家和书法爱好者求之不得。

不在江湖，江湖尽是它的传说。松花石砚一直挂在有心者的心头，让稀世珍宝再现天下，成了很多地质工作者的夙愿。直到1979年，吉林省地质工作者在《砚墨新语》一书中发现线索："松花江沿岸砥石山产粘板石……"根据这个并不精准的提示，经过一番勘察，最终在通化市浑江边的磨石山仙人洞和湖上坑发现了古采石场遗迹，并采集了大量的废弃松花石材。

经专家鉴定，石材无论颜色、纹理、硬度、击声，均与失传的松花石相同，再经物理化验反复论证，确认是松花石无疑。以此为线索，后在吉

↑
松花石砚

↑
松花石砚《兰

林省区域内发现了18处松花石矿产地,松花石砚总算回到了它应有的历史序列;2007年,松花砚雕刻技艺被列入吉林省首批非物质文化遗产代表性项目名录;2010年,通化市被中国轻工业联合会和文房四宝协会命名为"中国松花砚之乡";2011年,原国家质检总局批准对"松花砚"实施地理标志产品保护……如今,松花石砚产地已遍及吉林省白山市江源区、浑江区、临江市、靖宇县,通化市东昌区、二道江区、通化县、柳河县、辉南县、集安市,延边朝鲜族自治州敦化市、安图县12个市区县行政区域。

  无论是曾经的皇家御用,还是一度失传的遗憾,在当代,更多人有幸一睹风采,中国书法家协会第一任主席舒同就曾评价"松花江石砚与端砚齐辉",书法家赵朴初也曾写诗赞美它:"色欺洮石风漪绿,神奇松花江水寒。"在松花石砚的方寸之间,研磨而出的文化气息、代表的历史文脉也从未消散。

↑
松花石砚

08

乐声叮咚情铸心
——伽倻琴、奚琴、长鼓

"永远的金达莱,花开永不败"。

在延吉恐龙王国金豆艺术剧院,伴随着豪迈高昂的歌曲、欢快热烈的民族舞蹈,一部独具民族特色的情景史诗剧拉开了帷幕。

该剧以朝鲜族一家五代人的命运故事为主线,讲述了他们以深受饥荒和压迫之苦的"迁移者"身份来到长白山下,秉承着勤劳勇敢的品格,不畏艰难、勇往直前,并在遭遇日寇的侵略之时,奋起抗争,英勇无畏地保卫家园,用生命和鲜血换来了在这片土地上金达莱永开不败的故事。

短短的60分钟内,台下的观众为一家人的命运共情共鸣,台上轮番上演的民族传统音乐、舞蹈、杂技,更是为观众带来了一场汇聚音舞画与声光电的艺术盛宴。人们激动地称之为"来延吉必看的一场演出"。

延吉有什么?

是广袤的林海雪原,一望无际的松嫩平原,松花江、图们江和鸭绿江蜿蜒而过。民族文化在这里交流融合,不仅发展了农、林、渔等百生百业,还创造了光辉灿烂的艺术。音乐,作为抒情表意的文化形态,在吉林出现的历史几乎与当地民族崛起的历史同样古老,而又得益于黑土之上的滋养，显得独树一帜。

少数民族的音乐往往独特而又富有魅力。相传早在公元500年左右，朝鲜古国伽耶国的国王就模仿古筝制造了一种弹拨弦鸣乐器，并将其命名为伽耶琴。据《三国史记》记载："伽倻国嘉实王制十二弦琴。以象十二月之律。乃命于勒制其曲。""伽倻琴亦法中国乐部筝而为之。……伽倻琴，虽与筝制度小异，而大概似之。"足以说明了伽倻琴与古筝的"远房亲戚"关系。

诞生于朝鲜半岛的伽倻琴到了新罗时期，受到了新罗真兴王的重视，得到空前发展，成为新罗大乐，也是朝鲜宫廷乐的前身。彼时，官方还成立了伽倻琴的学堂，让懂音乐的乐士进行管理，在全国各地宣传、普及。也正是在这个时期，伽倻琴从新罗传到日本，被称为"新罗琴"。如今在奈良东大寺的正仓院中，还存有一张那时制作的古琴。

古代的伽倻琴是用整根原木刳成的，琴尾呈羊角形，因为没有底板，所以音量较小，难以传播。到19世纪末，伽倻琴音乐发展达到了高峰，从缓慢庄重的宫廷乐逐渐转变为轻快活泼的散调，伽倻琴也经历了流传与改进，增加了底板而形成共鸣音箱，在增强音量的同时也丰富了音色。这时，伽倻琴由朝鲜传入位于吉林延边等地的朝鲜族聚居地区，《伽倻琴散调》《月亮》《鸟打铃》《你哩哩》《桔梗谣》《丰年乐》等传统乐曲也在这片沃土上逐渐播散开来。

中华人民共和国成立后，伽倻琴得到不断改革，现在以五声音阶的18弦伽倻琴和七声音阶的21弦伽倻琴为主，21弦的琴身加大了共鸣箱，采用尼龙弦和尼龙钢丝弦，让音色更为洪亮动听。

伽倻琴的演奏方式也非常优雅，演奏时，乐师通常席地而坐，将琴体横在身前，琴首置于右膝上，琴尾触地，左手按弦，右手取音。有按、颤、推、揉、托、劈、挑、抹、剔、勾、撮等各种技法，发音柔和、清澈，音色悠扬。轻挑慢揉之下，喜、怒、哀、乐等不同的情感随琴声倾泻而出。

伽倻琴不仅可以用于独奏或重奏，也可以用于弹唱，这就是"伽耶琴弹唱"。十余名身着传统服饰的乐师一字排开、席地而坐、共同演奏、边

↑
琴曲悠扬

弹边唱，歌声与琴声交融，更具浓郁的民族特色。每当年节欢庆、家庭聚会的时候，能歌善舞的朝鲜族人也会聚集在一起，伴着琴声翩跹起舞。

在吉林，还有一种民间乐器也是中原乐器的"远亲"，那就是奚琴。奚琴又称嵇琴、奚胡等，据说是中国胡琴类乐器的始祖，外形看起来与二胡颇为相似。

在古代历史文献中，最早能查询到关于奚琴的记载就是"诗仙"孟浩然所作的《宴荣山人池亭诗》："竹引嵇琴人，花邀戴客过。"这里的嵇琴指的就是奚琴。据宋代音乐理论家陈旸考证，奚琴为唐代末年我国北方奚部族所用的一种乐器。宋朝时，随着官方使节的派遣和文化交流的深入，宋徽宗为了回赠高丽的朝贡，把燕乐与雅乐赐给高丽，并派乐官前往高丽教授演奏技法，传授乐谱。奚琴也自此在朝鲜落地生根，衍生出独特的音乐脉络。朝鲜成伣编《乐学轨范》就记载道："以黜檀花木（刮青皮）或乌竹海竹弓马尾弦，用松脂轧之。按用左手，轧用右手，只奏乡乐。"如此算来，奚琴距今已经有1000余年的历史了。

虽然花开两朵，但到了清末，奚琴就逐渐在中国本土消失了，直至

金天

20世纪初，日本侵略朝鲜半岛，并在1910年签订《日韩合并条约》，朝鲜半岛沦为日本的殖民地，其间大批朝鲜人为了避难而迁入中国东北，奚琴才又随着朝鲜移民传入中国，并在东北朝鲜族聚居地广为流传。20世纪五六十年代，奚琴在民族音乐工作者的努力挖掘下，通过不断地恢复发展，改良出别具特色的中国朝鲜族奚琴。

奚琴由琴筒、琴杆、弦轴、千斤、琴马、琴弦和琴弓等部分组成，形制同现代板胡相似，全长约85厘米。它的制作极为讲究，一直沿用"八音"分类法，分成金、石、丝、竹、匏、土、革、木八类。历代制琴工匠往往采用长白山一带的木质和木纹均特别好的刺楸木做振动面板，用内径10厘米的毛竹做琴筒，用蚕丝做琴弦，用马尾和细竹竿做琴弓子。后来经过实践和创新，逐渐用梧桐木代替刺楸木做振动面板，用钢丝代替蚕丝做琴弦。

演奏时，乐师落座之后，将琴筒置于左腿上，左手持琴、按弦，右手握弓拉奏，展现颤音、打音、滑音（弄音）等演奏技巧，适合被广泛运用到各种合奏、重奏、独奏及伴奏当中，其中尤以独奏效果最佳，代表曲目有《纺织谣》《奚琴·散曲》《渔夫曲》《农夫乐》等。它的发音柔和优美，音色明亮动听，旋律细腻委婉，体现出含蓄深沉的民族文化底蕴。

在朝鲜族音乐中，还有一种必不可少的乐器，常在合奏或伴奏中作为节奏乐器来使用，这就是长鼓，又名"杖鼓"。

长鼓起源于印度的细腰鼓，公元4世纪时，一道丝绸之路连通了亚洲各国，细腰鼓随川流不息的商队传入我国中原。隋唐时期，多称之为"都昙鼓""毛员鼓"或

↑
奚琴

洞见传承·人文吉林

↑
长鼓舞剧场表演

↑
长鼓舞

"腰鼓",广泛运用于宫廷乐中的天竺、龟兹、西凉、疏勒、高昌和高丽诸乐中。到了元代,《元史·礼乐志》对杖鼓的记载更为详尽:"杖鼓,制以木为匡,细腰,以皮冒之,上施五彩绣带,右击以杖,左拍以手。"宋代时,杖鼓传入朝鲜半岛,遂改名为长鼓。因为它是最能体现朝鲜族特有的"长短"节奏特性的乐器,因此也有"长短乐器"之称。

长鼓为两面鼓,呈现筒状,鼓身为木质,鼓面是羊皮或驴皮,两头粗中间细,来回穿梭的缩绳将两端的鼓面牢牢固定。杖鼓演奏时,或将置鼓于架上,或站立着将鼓横挂于胸前,左手拇指扶住铁圈,其余四指可单指敲击或一起拍击鼓面,右手持鼓槌敲击鼓面。

每个长鼓可以发出两种不同的音色,粗端发出柔和深沉的低音,细端发出清脆明亮的高音,主要有"噔、哒、空"三种,还能根据演奏的需求组合变化,形成不同的节奏,抑扬顿挫,耐人寻味。

长鼓也多用在舞蹈中,由舞者边舞边击,身、鼓、神融为一体,高度协调统一,是朝鲜族代表性的舞蹈之一。

如今,伽倻琴、奚琴、长鼓都已被列入国家级非物质文化遗产代表性项目名录,在吉林各地也纷纷建立了传承基地和传习研究所。从中原传入朝鲜半岛的艺术之花,又重回到了山水交融之地,在乐声中,再现江海余音。

参考文献

[1] 刘锡诚等. 神秘的关东奇俗［M］. 学苑出版社，1994.

[2] 邵大明等. 长春之旅［M］. 长春出版社，2004.

[3] 曹保明. 吉菜民间故事［M］. 吉林摄影出版社，2004.

[4] 长白山民俗文化［M］. 吉林文史出版社，2005.

[5] 曹保明. 长白山非物质文化遗产［M］. 世界图书出版公司，2023.

[6] 施立学等. 东北年节［M］. 吉林文史出版社，2014.

[7] 富察宝仁. 大东北满族旧事·岁时文化［M］. 吉林文史出版社，2017.

[8] 娄子恒. 中国人参食谱［M］. 吉林大学出版社，2022.

[9] 中华人民共和国中央人民政府. 朝鲜族［EB/OL］. https://www.gov.cn/test/2006-04/14/content_253753.htm.

策划编辑：王　丛
责任编辑：张　旭
责任印制：冯冬青
封面设计：宝蕾元

图书在版编目（CIP）数据

洞见传承：人文吉林 / 曹保明主编. -- 北京：中国旅游出版社，2025.3. -- （吉林旅游文化丛书）. ISBN 978-7-5032-7456-5

Ⅰ.G127.34

中国国家版本馆CIP数据核字第20241B07P9号

书　　名：	洞见传承·人文吉林
作　　者：	曹保明　主编
出版发行：	中国旅游出版社
	（北京静安东里6号　邮编：100028）
	https://www.cttp.net.cn　E-mail:cttp@mct.gov.cn
	营销中心电话：010-57377103，010-57377106
	读者服务部电话：010-57377107
排　　版：	北京中文天地文化艺术有限公司
印　　刷：	北京金吉士印刷有限责任公司
版　　次：	2025年3月第1版　2025年3月第1次印刷
开　　本：	720毫米×970毫米 1/16
印　　张：	18
字　　数：	300千
定　　价：	88.00元
ＩＳＢＮ	978-7-5032-7456-5

版权所有　翻印必究
如发现质量问题，请直接与营销中心联系调换